Gudrun Weerasinghe

Tierkommunikation - so einfach

Gudrun Weerasinghe

Tierkommunikation

– so einfach –

Anleitungsbuch zum Erlernen
der mentalen Kommunikation mit Tieren

SILBERSCHNUR

ISBN: 978-3-89845-245-8

1. Auflage 2008 2. Auflage 2009

Gestaltung & Satz: XPresentation, Boppard
Druck: Finidr, s.r.o. Cesky Tesin

Verlag "Die Silberschnur" GmbH · Steinstr. 1 · 56593 Güllesheim
www.silberschnur.de · Email: info@silberschnur.de

Inhaltsverzeichnis

Vorwort

Ich habe mich aufgrund vieler Kundenanfragen entschlossen, ein Anleitungsbuch über die mentale Kommunikation mit Tieren zu schreiben. Das Wichtigste bezüglich der intuitiven Kommunikation habe ich in meinem Buch "Mit Tieren kommunizieren" ausführlich beschrieben, allerdings eingebunden in eine Geschichte, die recht spirituell anmutet, da ich persönlich vielen erklärbaren und heute noch unerklärlichen Phänomenen offen gegenüberstehe und sicher ein spirituell sehr aufgeschlossener Mensch bin.

Allerdings ist die mentale oder intuitive Kommunikation mit Tieren sehr bodenständig, sie hat absolut nichts mit mystischen Inhalten zu tun.

Poincaré, der bekannte Mathematiker, sagte, dass wir durch Intuition entdecken und durch Logik beweisen.

"Ich vertraue auf Intuition" war eine Maxime, der auch Albert Einstein anhing.

Sowohl Galileo Galilei als auch Isaac Newton empfingen ihre Weisheiten intuitiv, zeichneten diese sodann geometrisch auf, um später erst mittels Experimenten die Lösung einsichtig und für den Laien verständlich zu machen. Genauso konstatierte Dr. James D. Watson, Nobelpreisträger und Mitentdecker der DNS: "Die Intuition ist nichts Mystisches. Intuition ist Logik."

Die Fähigkeit der Telepathie ist jedem Lebewesen angeboren und wurde inzwischen von Quantenphysikern sogar verifiziert. Wer deren Existenz immer noch abstreitet, prahlt meines Erachtens nur mit seinem Unwissen, so als würde er behaupten, dass die Erde eine Scheibe sei... Es werden ständig neue wissenschaftliche Erkenntnisse gewonnen, und Leben bedeutet nun einmal Lernen und Veränderung, auch wenn wir unsere uns einmal eingeprägten Erkenntnisse nur ungern erneuern und abändern.

Was bedeutet nun Telepathie? Es meint lediglich die geistige Übertragung von Gedanken, wörtlich bedeutet Telepathie: "Eindruck über eine Entfernung". Täglich führen wir unbewusst telepathische Prozesse aus. Es ist eine ganz normale und uns allen bekannte Möglichkeit,

Dinge zu erkennen oder zu erspüren. Die Wissenschaft versucht derzeit, den physiologischen Ort des intuitiven Wissens zu lokalisieren. Dabei stießen Gehirnforscher auf die Stirnlappen und Neurologen auf das Bauchhirn (das enterische Nervensystem) im menschlichen Körper, die mit der Intuition verbunden sind.

Die Entdeckung des Bauchhirns bestätigt, was der Volksmund schon lange als "aus dem Bauch heraus entscheiden" kennt.

Tiere sind mitunter für telepathische Botschaften besser empfänglich als Menschen, denn sie haben weniger Ablenkung durch Gedankenketten als wir. Mit Tieren zu kommunizieren funktioniert nun, indem wir uns nach innen wenden, nach innen schauen, nach innen hören und in unser Innerstes fühlen. Tiere teilen sich uns intuitiv oder mental mit, indem sie Bilder oder Filme senden, die wir manchmal nur flashartig, ganz zart, vielleicht auch undeutlich und kaum sichtbar empfangen. Sie senden uns Gefühle, Gerüche und akustische Signale. - Tiere umgekehrt verstehen uns meistens gut, denn es ist erwiesen, dass wir automatisch Bilder oder Filme im Geist tragen, wenn wir uns unterhalten, auch wenn wir uns dessen nicht bewusst sind.

Gefahren

Die mentale Kommunikation ist sehr einfach auszuüben, ist etwas sehr Schönes und Befriedigendes und sollte selbstverständlich sein, sofern wir mit Tieren leben oder arbeiten. Die Kommunikation mit den eigenen Tieren auszuüben ist, nachdem wir aufeinander eingespielt sind, relativ leicht zu handhaben. Sie ist allerdings extrem, außerordentlich anstrengend und sehr ermüdend, üben wir sie mit uns fremden Tieren aus, weil wir es nicht gewohnt sind, ständig und überall telepathische Dialoge zu führen und uns in den Körper und die Seele anderer einzufühlen, zumal wir oft nur dann gebeten werden, mit fremden Tieren Kontakt aufzunehmen, wenn diesen etwas fehlt. Engagieren wir uns zu sehr in diesem Bereich, werden wir uns sehr schnell erschöpft fühlen. Ich weise aus diesem Grund sehr viele Fälle, die an mich herangetragen werden, ab, weil es nicht meine

Aufgabe sein kann, ständig die Verantwortung für anderer Leute Tiere zu übernehmen. In manchen Fällen habe ich beobachtet, wie erfolgreiche Seminarteilnehmer voller Motivation, Liebe und Helfersyndrom zu viele schwere Fälle annahmen und für mehrere Wochen oder sogar Monate völlig außer Gefecht gesetzt wurden.

Wenn wir Fälle für Fremde übernehmen, so tragen wir auch die Päckchen der anderen, die wir nur ertragen können, weil wir lieben, was die Voraussetzung zur Tierkommunikation ist. Ohne Liebe wäre zwar Telepathie mit Menschen möglich, jedoch keine mentalen Dialoge mit Tieren. Warum nicht? Weil Tiere über Emotionen kommunizieren und Liebe davon einen großen Teil ausmacht. Sie würden kaum dauerhaft antworten, und wir wären reine Telepathen oder Mentalisten, die eine Technik schnell erlernten und durch sie **keine** körperliche oder seelische Belastung erfahren würden. Wir könnten in Fernsehshows, die für Mentalisten zuhauf dargeboten werden, auftreten und uns unter Trommelwirbeln, Blitzen und Raucheffekten dem unwissenden und meist leicht zu beeindruckenden Publikum als kleine Magier zu erkennen geben, die lediglich einen Unterhaltungswert aufweisen. Dies wäre reine Technik, die zwar leicht aus uns herauszukitzeln, aber höchst unethisch wäre, sofern sie bei unwissenden Menschen angewandt wird.

Wir menschlichen Tiere jedoch üben die Tierkommunikation aus, um den tierlichen Tieren zu helfen, um ihnen zu einer höheren Lebensqualität zu verhelfen. Es gibt für mich nichts Angenehmeres, als mich mit Tieren mental auszutauschen, auch weil sie geistig sauber sind - im Gegensatz zu menschlichen Tieren. Sie sind in ihrer Seelenenergie licht, klar und hell, weich und liebend. Es ist immer eine unbeschreibliche Wohltat. Doch das macht es umso schwerer, diese hilflosen und wundervollen Geschöpfe leidend zu erleben, denn ich werde gebeten, den psychisch kranken Tieren zu helfen, den körperlich kranken Tieren soll ich beistehen, nicht aber den glücklichen Tieren. Ärzte und Psychiater tragen und erfahren die Schmerzen und Leiden ihrer Patienten körperlich **nie** an sich selbst. Wir in unserer Eigenschaft als TierkommunikatorInnen gehen zuweilen aber sogar körperlich mit unseren Mitgeschöpfen durch einen qualvollen Tod.

All das haben wir, wenn wir die Tierkommunikation für andere Leute und deren Tiere ausüben, nicht nur zu ertragen, sondern auch zu verarbeiten. Ferner müssen wir in solchen Fällen manchmal endlose, anstrengende Gespräche mit den Tierhaltern führen, zuweilen als Paartherapeuten, Familienberater, Psychologen oder Sozialarbeiter, um die vermeintlichen Verhaltensauffälligkeiten des Tieres, die eigentlich die des Halters sind, als solche zu entlarven und dem Tierhalter zu helfen, an sich zu arbeiten, bevor er das Tier abgibt, es aussetzt, es misshandelt oder es gar einschläfern lässt.

Wir sollten auf jeden Fall täglich mit den eigenen Tieren mentale Zwiesprache halten, aber vorsichtig mit der vorschnellen Annahme von fremden Fällen sein. Die Tierkommunikation kann, wie Sie sehen, nicht als Beruf, sondern nur als Berufung ausgeübt werden, und ich möchte mit meinen Büchern, Hörbüchern und Seminaren Hilfe zur Selbsthilfe leisten.

Frequenzen

Während der Kommunikation mit Tieren ist es sehr wichtig, unterschiedliche Schwingungen wahrnehmen zu können. Jedes Individuum hat seine eigene persönliche Frequenz. Wenn ich einmal mit einem Tier gearbeitet habe, vergesse ich nach einiger Zeit vielleicht seinen Namen, aber niemals, auch nach vielen Jahren nicht, dessen ureigene Schwingung. Warum ist das wichtig? Es kann sein, dass ein Tier eines Tages Hilfe braucht und mich ruft, es klopft dann mental an. Denn das Unterbewusstsein der Tiere erinnert sich automatisch an den, der einmal liebevoll mit ihnen kommuniziert und ihnen geholfen hat.

Sollte jemand anderes, vielleicht der menschliche Gefährte dieses Tieres, in der Zwischenzeit gelernt haben, mental mit ihm zu sprechen, so wird es sich sicher an diesen wenden, es sei denn, es ist dort ein

Besetztzeichen... Das heißt, der Halter des Tieres ist nicht auf Empfang geschaltet. Vielleicht ist er krank, oder er hat sich bewusst abgeschottet. Vielleicht ist er auch voll von komplexen Gedankengängen, wie es für uns Menschen typisch ist, die es dann nicht zulassen, dass er sein Tier anklopfen hört. Nehme ich aber das Klopfen wahr, so antworte ich natürlich, frage nach dem Grund, helfe eventuell mental oder mache den Besitzer des Tieres ausfindig. Ich persönlich schotte mich vielen Lebewesen und Dingen gegenüber bewusst ab, aber niemals meinen Tieren oder den Tieren gegenüber, mit denen ich einmal im geistigen Kontakt stand.

Wir sollten daher lernen, unterschiedliche Frequenzebenen wahrzunehmen, weil wir sonst zu leicht Botschaften verschiedener Tiere miteinander vermischen. Um Schwingungen mannigfacher Art wahrzunehmen, sollten wir zum Beispiel in Ruhe und bewusst einen Baum umarmen und in ihn hineinfühlen. Wir können auch einen Edelstein in die Hand nehmen und spüren, welche Schwingung er im Gegensatz zum Baum in sich trägt. Wir können auch einen Menschen umarmen oder nur mit geschlossenen Augen seine Hand erfühlen - und wir werden feststellen, dass auch er sich schwingungsmäßig anders anfühlt als ein anderer Mensch. Testen Sie auch einmal: Welche Frequenz hat ein Buch? Fühlt es sich anders an als ein Buch anderen Inhalts?

Die meisten Menschen werden sich bewusst, dass sie die Fähigkeit, mit Tieren zu kommunizieren, längst inne und nur verschüttet haben, wenn sie des Öfteren und unregelmäßig in die Stille gehen, wenn sie ihre hektische Lebensweise gegen eine ruhigere eintauschen, häufiger Entspannungsübungen durchführen und lernen zu lieben. Man redet viel von Liebe, jedoch selbstlos zu lieben, Verantwortung zu tragen und Opfer zu bringen, das haben viele Menschen verlernt. Tiere aber sind liebende Wesen. Sie leben, um zu lieben und um geliebt zu werden. Sie werden geboren, um uns zur Liebe, zu unserem geistigen Ursprung zurückzuleiten und dadurch zu vervollkommnen. Sie wurden nicht inkarniert, um von uns gegessen, als Nutz- oder Labortiere missbraucht zu werden oder damit wir ihre Haut, die einzige, die sie haben, zur Schau tragen.

“Tierkommunikation” funktioniert also nur wirklich und dauerhaft, wenn das Tier merkt, dass wir es lieben - und das spürt ein jedes Tier sofort. Sich mit Menschen mental auszutauschen erfordert nur Übung, jedoch - wie gesagt - keine Liebe. Der wichtigste Schritt, um mit Tieren zu kommunizieren, ist, dass wir unsere tierlichen Geschöpfe aus vollem Herzen lieben und althergebrachte, überholte Vorurteile und Ängste ablegen. Deshalb scheitern manche daran, sich mit allen Tiergattungen mental auszutauschen. Es gibt daher Menschen, die nur mit Pferden kommunizieren können, jedoch nicht mit Hunden, Katzen oder anderen Gattungen. – Woran liegt das? Dies resultiert aus den Blockaden unseres Unterbewusstseins. Uns ist von klein auf beigebracht worden, dass Schweine, Kühe und Hühner geboren sein sollen, um von uns verspeist zu werden. Also stehen wir ihnen keine Gefühle und keine Seele zu, so wie in manchen Gegenden dieser Erde Frauen keine Gefühle, kein Leidempfinden und keine Seele zugestanden werden. Denn würden wir diesen Tieren eine Seele zugestehen, könnten wir sie nicht ohne schlechtes Gewissen foltern und danach essen. Dieser Gedankengang verhindert bei manchen, dass sie mentalen Kontakt zu diesen Tieren oder zu allen Gattungen erhalten.

Das Tier kann jedoch nichts für seine ins Leben mitgebrachte Form, auch wenn wir sie nutztiermäßig, unheimlich oder hässlich finden. Auch Tiere finden unsere Form zuweilen Angst einflößend und unansehnlich. Dennoch haben sie die Größe, uns zu lieben und uns trotz oft unmöglicher Wünsche, die wir an sie herantragen, entgegenzukommen. Tiere halten immer

ihre Versprechen, sie lügen nie. Auch wir MÜSSEN, wenn wir mit Tieren kommunizieren, **immer** unsere Versprechen halten, sonst verliert das Tier das Vertrauen und verschließt sich uns in Zukunft. Tiere haben glockenklare Seelen, an deren Charaktereigenschaften wir uns ein Beispiel nehmen sollten. Sie haben unsere Ehrlichkeit und vor allem unsere Liebe verdient. Jahrtausende dienten uns menschlichen Tieren die tierlichen Tiere, und es ist nun an der Zeit, dass wir umdenken und uns in den Dienst der Tiere stellen. Der letzte Satz mag sich etwas provokant anhören, doch Provokation war immer ein probates Mittel, um aufzurühren und zum Nachdenken anzuregen - und dies ist meine Absicht, haben die tierlichen Tiere dieses Planeten doch noch nie so gelitten unter Vivisektion, industriellem Morden, Sadismus und Sodomie wie heutzutage.

Es gibt nicht wenige Menschen, die nur und ausschließlich über Gefühle, Gerüche und Farben mit Tieren in geistigen Dialog treten, weil sie keine visuellen Typen sind und es ihnen schwerfällt, sowohl Bilder vor ihrem geistigen Auge zu sehen als auch diese zu senden. - Es gibt Myriaden von Farbschattierungen, die alle ihre individuelle Schwingung beinhalten. Welche Bedeutung welche Farbe hat, ist nicht einfach zu bestimmen, denn jede Farbe bekommt von jedem individuellen Tier ihre eigene und persönliche Bedeutung. Nur durch die langfristige Kommunikation mit einzelnen Tieren erfahren wir, welche Bedeutung zum Beispiel eine bestimmte Rotnuance von dem einen Tier bekommt und welche sie von einem anderen Tier erhält. Übrigens senden die Tiere natürlich keine reinen Farben als solche, sondern manche Menschen empfangen das vom Tier in Bildern Gesandte als Farbe, weil diese Menschen eben entsprechend programmiert sind.

Menschen, die keine visuellen Typen sind, können somit trotzdem ganz wunderbar mit Tieren kommunizieren, denn sie fühlen, schmecken, riechen und hören durch das Tier. Auch blinde Menschen können derartig mit Tieren arbeiten. (Was allerdings in diesem Fall schwierig erscheint, ist das Aufsuchen von vermissten Tieren, denn diese müssen natürlich senden, was sie sehen, damit wir zuordnen können, wo sie sein könnten, doch das ist ein Grenzfall.)

Die Grundvoraussetzung

In diesem Buch werde ich viel über Liebe schreiben und auf dem Begriff, der natürlich unzählige von Formen annehmen kann, herumreiten, weil echte Liebe nun einmal die Grundvoraussetzung zur Tierkommunikation ist.

Wir fangen mit einer Übung an: Wir stellen uns unser Tier vor und senden ihm Liebe. Wir reden und denken kein dummes Zeug, mit dem wir Menschen betrügen und verdummen können, sondern wir senden das Gefühl der warmen, uneigennützigen Liebe. Wir senden und senden und senden... Nur so versteht uns unser Tier.

Ach, Sie können nicht lieben und schon gar keine Liebe SENDEN?

Das geht vielen Menschen so. Wir Menschen haben es verlernt. Wir werden materiell erzogen, bekommen Belohnungen, wenn wir gute schulische Leistungen erbringen, aber der Begriff "Liebe" wird völlig denunziert, degradiert und verhunzt. Statt "auf Wiedersehen" zu rufen, rufen manche ihrem Kind "I love you", "Ich liebe dich" zu. Doch die meisten verschenken materielle Güter, um Liebe zu zeigen, aber kaum einer sendet seinem Kind oder Partner das Gefühl der Liebe.

Die meisten von uns lieben sich selbst, wenn überhaupt. Wir leben in einer Wegwerfgesellschaft. Tiere setzen wir aus, wenn sie groß werden, und von Menschen lassen wir uns schnell scheiden, sobald Probleme aufkeimen. Wir Menschen wollen geliebt werden und schaffen uns oft aus diesem Grund Tiere an, aber wir geben keine Liebe. Wir zahlen zwar für Tierpsychologen, Tierärzte, Tierkommunikatoren und gute Ställe mit Klimaanlagen, aber darauf pfeift ein Tier, wenn es nicht zusätzlich Liebe erhält - und die spürt es nur, wenn wir sie senden. Es kann nicht ahnen, wie schwer es uns fällt, teure Kosten aufzubringen. Es kann jedoch Emotionen fühlen.

Wir müssen LIEBEN lernen, denn sonst funktioniert keine Tierkommunikation, zumindest nicht auf die Dauer. Um lieben zu lernen, sollten wir uns etwas Schönes vorstellen, das wir sehr mochten, ein schickes Auto - oder auch ein hässliches. Ein paar wundervolle Schuhe, für die wir hätten sterben können, vielleicht einen Menschen, an dem wir hingen, OHNE eine Gegenleistung zu erwarten. - Dazu müssen wir uns Ruhe und Zeit nehmen, das Gefühl hervorkramen und uns erinnern. Dann versuchen wir, das Gefühl, das wir empfanden, als wir sehr glücklich waren, in unserem Herzen, in der Herzgegend zu bewahren. Nun versuchen wir, ein ähnliches Gefühl für unser Tier zu empfinden.

Manchen mag dies seltsam vorkommen, doch aus meiner Erfahrung heraus weiß ich, dass sich unendlich viele Tiere sehr ungeliebt fühlen, weil der Mensch ihnen kein Gefühl von Zuneigung und Liebe vermittelt. Gefühle sind aber die Sprache der Tiere, und es hat verheerende Auswirkungen, dass die meisten Menschen mit dem Begriff "Liebe" inflationär umgehen und demzufolge auch wenig Verantwortung für ihr Tier übernehmen.

Wir müssen tiefe Freude über das Tier empfinden und ihm diese Freude, unseren Stolz zeigen. Zeigen heißt dabei nicht nur, es zu streicheln und zu liebkosen, sondern eben auch, diese Zuneigung auszusenden. Wir sollten uns bei ihm bedanken, dass wir die Ehre haben, mit ihm zu leben, und uns zunächst für alles, was wir unbewusst oder bewusst falsch machten, entschuldigen, sofern es das Tier verletzt haben könnte. Diese Gefühle müssen wir tief in uns entwickeln, damit wir sie dem Tier mit Inbrunst mental übermitteln können. Das Tier spürt, wenn man es mental streichelt. Es wird diese Empfindung definitiv wahrnehmen, wenn wir sie konzentriert gen Tier senden.

Ich stelle in meinen Seminaren immer wieder fest, dass die meisten Menschen sehr schnell in der Lage sind, derartige Aufgaben zu bewältigen. Doch bevor wir mit einem Tier üben, könnten wir auch im Familien- oder Freundeskreis telepathische Übungen durchführen. Es wäre unfair, unsere Tiere mit Bildern zu verwirren, die - weil wir noch nicht sicher sind im Visualisieren - missverständlich ankommen, Hoffnungen zu wecken, die nicht erfüllt werden, oder vielleicht im schlimmsten Falle Ängste zu erzeugen. Tiere lesen immer unsere Gedanken, wenn wir jedoch nur an ihnen üben, könnten die verwirrendsten Bilder beim Tier ankommen. Bleiben wir daher zunächst beim Senden von Liebe, der wichtigsten Übung bei der Tierkommunikation, bevor ich auf das visuelle Senden und das Empfangen von Bildern oder Filmen eingehe.

In vielen Fällen hat es sich als hilfreich erwiesen, einem Tier, mit dem wir mental sprechen möchten, zuvor quasi als Begrüßung positive Energie zu senden.

“Was bedeutet denn das?”, mögen Sie fragen. Nun, positive Energie ist nie die Energie, die aus uns unvollkommenen Menschen strömt. Senden wir nur unsere Energie, so wird das Tier schnell krank und leidet unter all unseren Defiziten. Wir schicken ihm stattdessen die Energie des Kosmos, die allheilende, die allintelligente, die allwissende, die allhörende und vor allem die allliebende Energie, die wir aus dem Kosmos bitten, zart und behutsam in unser Tier zu fließen. Sie soll zärtlich und langsam fließen. Wir möchten, dass das Tier sich sanft angenommen und nicht vergewaltigt fühlt. Ferner ist unbedingt zu beachten, dass wir möglichst unpersönliche Liebe senden, das heißt die Liebe der kosmischen Allmacht. Denn senden wir unsere persönliche Liebe, so kann das, was wir Menschen Liebe nennen, ein Gefühl sein, das durchaus mit Eifersucht, Besitzdenken, der Sucht zu klammern und zu kontrollieren gepaart sein kann - also menschliche Eigenschaften, die dem Tier nichts nützen, sondern es vielleicht stattdessen sogar ängstigen. Denn viele Menschen neigen dazu, so genannte Liebe zu senden und dieses Gefühl mit einer Bedingung und Aufforderung zu verbinden. Doch ist für unser Tier das Beste nicht gerade gut genug? Also unterdrücken wir bei der Liebesenergiearbeit unser Ego besser, und senden wir unserem Tier nur die reine, saubere, allhörende, allfühlende, kosmische Energie, die immer weiß, was es braucht. Diese kosmische Energie senden wir, indem wir sie bitten, helfend in unser Tier zu strömen.

Besonders misshandelte, scheue und kranke Tiere öffnen sich uns gegenüber leichter, wenn wir sie zunächst derartig begrüßen. Außerdem unterstützt das Ausstrahlen von kosmischer Liebesenergie die Heilung psychisch oder körperlich kranker Tiere. **Sie ersetzt aber natürlich keinen Tierarzt!**

Wann immer ein Tier verängstigt oder verletzt ist, wenn es misshandelt wurde, vermisst wird oder eventuell unter Schock steht, sollten wir die Kommunikation mit einer Liebesübung beginnen. Ich fühle, wenn das Tier genug davon hat. Manche saugen das kosmische Liebeslicht, das ich zunächst durch mich fließen lasse, geradezu aus mir heraus und können über Stunden nicht genug bekommen. Ich diene der Energie dabei lediglich als Kanal.

Foto-kommunikation

Ob wir persönlich oder per Foto mit einem Tier arbeiten, das ist unerheblich. Verwenden wir aber ein Foto, so stellen wir die gleichen Fragen und verhalten uns genauso, wie wenn wir real einem Tier gegenüberstünden.

Manche Tierhalter glauben nicht an gute Resultate über eine Arbeit mittels Foto und bitten mich, einen Stallbesuch oder einen Hausbesuch zu machen, doch das ist nicht nötig. Beim Arbeiten mit dem Foto des Tieres halte ich es entweder in der Hand und fühle es nur, ohne es anzuschauen, oder ich sehe in die Augen des Tieres. Manchmal liegt das Foto auch vor mir, während ich mitschreibe, was das Tier mir mitteilt. Ein Rezept wie das Foto zu halten ist, gibt es also nicht. Für Anfänger ist es allerdings besser, über ein Foto zu arbeiten.

In Arabien arbeite ich mit königlichen Pferden, die Millionen kosten und bei Rennen ebenso viel einbringen, was dort übrigens LIEBE genannt wird - was meines Erachtens typisch ist für menschliche Tiere aller Couleur, Geld mit Leben, das würdevolle und liebevolle Behandlung verdient, gleichzusetzen. Dort habe ich auf alle Fälle selten Ruhe in den Ställen, die ich meistens persönlich aufsuchen muss, zudem stehe ich dann meistens unter Beobachtung, weil die Tiere - materiell gesehen - so wertvoll sind. Wenn die Tierhalter oder der Jockey und andere Stallbesucher um mich herumstehen und ständig dazwischen reden, ist es natürlich schwieriger für mich, mich auf das Tier einzustellen. Zudem würde es auch dem Tier sehr gut tun, einmal ohne seinen Jockey oder menschlichen Lebensgefährten ganz mit mir alleine zu sein... Daher wäre hier beispielsweise die Arbeit mit Fotos sinnvoll.

Generell sollte jeder das Foto auf die Art anwenden, die für ihn am einfachsten ist. Ich persönlich arbeite immer nachts mittels Fotos, weil das Tier dann entspannt ist. Denn macht ein Hund gerade einen Spaziergang, so ist er unkonzentriert und nimmt mich vielleicht gar nicht wahr, aber nachts kann man leicht mit ihm arbeiten, weil er ruht.

Senden und Empfangen

Wie senden wir Bilder, Gegenstände, akustische, haptische und olfaktorische Signale, die unser Tier empfangen soll? - Nun, wir stellen uns vor unserem mentalen Auge einen Gegenstand vor, zum Beispiel den Käfig unseres Wellensittichs, den Fressnapf unseres Hundes, den Korb unserer Katze oder den Sattel unseres Pferdes. Wir sehen deutlich die Farbe des Gegenstandes, seine Höhe, seine Rundungen, stellen uns sein Gewicht und sein Material vor. Dieses Bild malen wir uns fühlbar und exakt aus. Wir behalten es im Geist und konzentrieren uns voll auf diesen Käfig, Korb oder Napf. Nun stellen wir uns vor, wie unser Tier frisst. Dieses Futter sehen wir deutlich im Napf oder im Trog, seine Menge, seine Konsistenz, und wir riechen das Futter nun auch immer deutlicher und deutlicher. Dieses Bild, das allmählich immer klarer wird, behalten wir fest im Geist. Jetzt stellen wir uns vor, wie wir das mit Geruch versehene Bild (zur Übung) in Richtung eines Menschen senden, den wir kennen. Es genügt dabei, uns vorzustellen, dass das Bild in Richtung eines bestimmten Menschen fliegt oder schwebt, sich eine bestimmte Stelle am Körper dieses Menschen vorzustellen, das ist absolut nicht nötig.

Die gleiche Übung führen wir mit Spielzeugen oder Schlafstätten unserer Tiere aus. Senden wir dieses Bild jetzt an unser Tier, würde dies das Wesen vielleicht verwirren und Hunger bei ihm auslösen. Schicken wir es aber an einen Menschen, so erfahren wir später, ob es ankam, wie es ankam und was wir noch verbessern müssen, damit das Bild den Adressaten so erreicht, wie wir es uns eigentlich wünschen. Es ist reine Übungssache, solche Bilder mit akustischen, haptischen oder olfaktorischen Signalen zu versehen, sie zunächst klar im Kopf zu visualisieren und dann, wenn sie deutlich, klar und unverändert bleiben, einem anderen Lebewesen zu senden.

Das Senden ist meist auch nicht das Problem, sondern das Empfangen von Mitteilungen unseres Tieres. Tiere bekommen ja ohnehin mehr mit, als wir Menschen glauben, und verstehen uns meistens sehr gut.

Wie sieht nun eine Mitteilung aus, die ich einem Hund sende, der keine fremden Leute anspringen soll?

– Ich sende ein Filmchen: Der Hund springt alle möglichen Menschen an, die sich teilweise wehren. Dazu sende ich eine Portion trauriger Gefühle. (Ich sende niemals Wut! Das ist wichtig, weil diese negativen Gefühle schaden könnten.) Ist der Halter des Tieres traurig, berührt es das Tier viel mehr, denn Tiere wollen uns glücklich sehen.

Das ist die negative Variante. Ich kann natürlich auch ein Bild senden, das zeigt, wie der Lebensgefährte des Tieres ruhig mit ihm an Menschen vorbeigeht. Der Hund spielt, rennt, tobt mit anderen Hunden, aber er springt die Leute, die ihm begegnen, nicht an. Dazu sende ich glückliche, fröhliche, positive und freudige Gefühle. Er darf jedoch trotzdem erfahren, dass der Mensch Ärger mit anderen bekommt und sich schlecht fühlt, wenn der Hund Vorbeigehende anspringt. Das gehört mit zur Erklärung, die der Hund als würdevolles Tier verdient hat. Was die Reinigung der Kleidung kostet, das würde er nicht verstehen, also kann ich mir solche Bilder sparen. Und natürlich gehe ich davon aus, dass dieser Hund seinen regelmäßigen Auslauf erhält, ohne Leine rennen und toben darf, dass die Leine nur zum Schutz auf befahrenen Straßen oder hundeunfreundlichen Wegen dient. Natürlich muss der Hund zu Hause reichlich zu fressen erhalten und nicht ausgehungert spazieren gehen. Ansonsten wäre es normal, dass ein energischer, vielleicht junger Hund andere Menschen vor lauter Energie anspringt und auch eventuell Leckerchen von anderen erwartet...

Ein anderes Beispiel hierzu, dieses Mal das eines dummen Fehlers, den ich machte und aus dem wir alle lernen können: Ich wurde zu einer abendlichen Talkshow eingeladen, bei der mehrere Tiere anwesend sein sollten. Also nahm ich einen meiner Hunde mit, dem ich mehr Selbstachtung vermitteln wollte, weil er bislang in Arabien, meinem ersten Wohnsitz, sehr gedemütigt wurde. Es handelte sich um ein Tier, das sich ausgesprochen energisch und wild benahm, ein arabischer Wolf mit Namen Halim. Er gehört einer Rasse an, die bislang nie domestiziert war, aber im Prinzip sanft und mitfühlend mit anderen umgeht. Die geistige Kommunikation funktionierte zwischen uns immer besser, und allmählich wurden wir ein eingespieltes Team. So erzählte ich diesem Hund, dass er sehr schön und ich so stolz auf ihn sei und ihn zum Fernsehen mitnehmen wolle. Einige Wochen zuvor wurde er bereits einmal gefilmt und hatte sichtlich großen Spaß daran. Die Kameraleute bewunderten seine Art, gezielt und bewusst zu posieren, was ihn ungeheuer beeindruckte. Er ließ sich auch ausgesprochen gern fotografieren und aalte sich in der

Bewunderung anderer. Auf der Fahrt zur Talkshow berichtete ich ihm im Auto immer wieder, wie gut es mir täte, gerade ihn dabei zu haben und dass er nun ein Fernsehstar würde. Ständig pfiff und flötete ich albern während der Fahrt: "Halim wird ein Fernsehstar, Halim ist so schön, Halim wird ein Superstar, Halim ist so klug. Halim wird ein Fernsehstar, Halim ist so toll!" Dieser Hund pflegte selten, mental zu antworten, aber an seinen Reaktionen sah ich stets, dass er mir zuhörte und vieles, was ich wünschte, auch gern befolgte. Ich glaubte, dass er nun allmählich seine schreckliche Vergangenheit durch solcherlei Auftritte, die ihm zu mehr Selbstbewusstsein verhalfen, ausgleichen könnte. Ich bereitete ihn darauf vor, dass auch andere Tiere dort sein würden und dass wir so tun müssten, als könnten wir uns gut benehmen. - ABER, was beachtete ich nicht? Er schwieg - wie immer. Also glaubte ich, dass er, wie immer, entsprechend, wie ich es mir als Mensch vorstellte, reagierte: Er sollte brav und still posieren und sich freuen, dabei sein zu dürfen.

Alle Fernsehmitarbeiter und die vier- sowie zweibeinigen Gäste, Hunde und Schweine, waren bereits anwesend, als wir kamen. Halim freute sich darauf, so zu tun, als könne er sich gut benehmen. Er wollte sich als Star beweisen. Also rannte er wie ein Wolf heulend oder wie ein Löwe brüllend in den Raum und stürzte sich als Erstes auf einen kleinen scheuen Hund, den er zwar Gott sei Dank nicht biss, aber dem er deutlich zeigte, dass er und nur er der Star war. Alle, menschliche und tierliche Tiere im Raum, zeigten sich entsetzt. Was war passiert?

Durch mein Reden hatte ich ihn sozusagen zum Meuteführer und Anführer gemacht, der er selten sein wollte oder war. Wir pflegen uns zu Hause abzuwechseln in unserer Eigenschaft, Anführer zu sein. So sehr uns Tiere ähneln, so sehr sie unsere Eigenschaften und Gefühle besitzen, meine Art mit dem Hund umzugehen, ging hier völlig daneben. So hätte ich mit einem menschlichen Kind in deutscher Sprache reden können, aber nicht mit einem Hund - nicht, weil er ein Hund ist, sondern, weil es sich um Telepathie handelte. Bei der Tierkommunikation, auch wenn wir ein eingespieltes Team sind, müssen wir deutliche Anweisungen geben, deutliche Gefühle senden, Situationen bewusst und mit Bedacht ausmalen und deutliche Bilder senden. Ich hätte dem "kleinen Wolf" klar zeigen sollen, WIE er sich nicht zu benehmen hat. So, wie ich es tue, wenn ich mit ihm einem Restaurant einen Besuch abstatte. Ich sende dann Bilder wie zum Beispiel: Hund und Frau betreten den Raum, bellen und schreien los, stürzen sich, was das Zeug hält, auf andere Gäste und deren Tiere und bespringen jubelnd und siegessicher die herumstehenden Tische. Dazu sende ich natürlich negative Gefühle, keine wütenden, sondern traurige, die von den anderen Gästen und auch der Frau ausgehen. Das versteht der Hund, aber wie soll er sich nun genau verhalten? Ich sende also Bilder, wie Hund und Frau leise und still den Raum betreten, langsam auf die anderen Tiere zugehen, sie freundlich und zart beschnüffeln, zumindest der Hund... Wenn die Frau die anderen Menschen begrüßt, dann zieht und zerrt der Hund nicht an der Leine, sondern verhält sich still. Dazu sende ich einen Schuss liebevoller, sehr stolzer und dankbarer Gefühle, die von den Gästen und der Frau im Film ausgehen. Doppelte Bilder, einmal in negativer Form gesandt, wie es nicht sein soll, und einmal positiv, wie es wünschenswert wäre, vertiefen und sichern die Situation. Dann erst hätte ich ihn loben sollen und ihm mitteilen, dass er ein Star ist, um ihn aufzuwerten. Das alles hätte ich mit positiven Gefühlen untermalen sollen.

Die mentale Kommunikation mit Tieren funktioniert so leicht und so simpel, wie wir es uns oft gar nicht vorstellen können. Wir denken oft vielmehr zu kompliziert. Ein Hund eines Klienten jagte, um ein anderes Beispiel anzuführen, für sein Leben gern

Enten. Die Leute um den Teich herum schrien und schimpften aus Mitleid mit den Enten. Der Jäger drohte ihn abzuknallen, weil nur er das Recht hätte, diese Vögel zu jagen. Alles in allem eine mehr als unangenehme Situation für den armen Klienten: die armen, gejagten Enten, der in Gefahr schwebende Hund und schließlich der gefräßige und mordsüchtige Jäger, der befürchtete, nicht genug Enten für sich selbst abzubekommen. - Aber es war ganz einfach für mich als Tierkommunikatorin. Ich blendete dem Hund über ein Filmchen ein, dass er ruhig und lieb neben und mit den Enten schwimmt, die Spaziergänger am Rand des Teiches sich freuen, sandte ferner fröhliche Gefühle der Enten und stolze, warme, liebevolle Gefühle seines menschlichen Lebensgefährten - wie dieser aussah, zeigte mir natürlich der Hund, sonst hätte ich ihn nicht einblenden können. (Zum Empfangen von Bildern komme ich später noch.) Ich sandte ihm sodann ein Bild, in dem er die Enten jagte, und sandte ihm diese entsetzlichen Gefühle der Angst und Verzweiflung und die extrem traurigen Emotionen seines Herrchens. - Es wirkte! Dieser Hund ging einen Tag lang gar nicht mehr in den Teich, am zweiten Tag schwamm er zufrieden mit den Enten. "Ein Bild voller Harmonie", so der erfreute Halter!

Dann meldete sich das Herrchen nach zwei bis drei Wochen wieder voller Entsetzen und sagte, dass sein Hund zwar immer noch wie gehabt mit den Enten schwimmen, aber nun die plötzlich anwesenden Wasserhühnchen jagen würde - und natürlich fing nun auch das Geschrei und Gefluche der Spaziergänger (die sonst sicherlich auch Hühner aßen...) wieder von vorne an. - Doch, ganz einfach! Wieder arbeitete ich wie bei den Enten und erklärte vorsichtshalber, dass auch die Fische dort als lebende Wesen zu respektieren seien, ich sendete Gefühle des Glücks, die diese Tiere hatten, wenn sie leben dürften. Es klappte! Der Hund schwamm fortan mit Enten, Fischen und Wasserhühnern spielerisch um die Wette. Dieser Hund dachte und fühlte aber sogar weiter, denn er verstand nun, dass alles leben und alles glücklich sein möchte. Nach Aussagen des Halters tauchte er sogar, wenn er tote Wasserhühnchen am Boden des Teiches sah, hob diese hoch und legte sie auf einen Ast, wahrscheinlich damit sie sich erholten... Damit, um bei diesem Beispiel zu bleiben, ein Hund nicht nur keine schwimmenden Enten jagt, sondern auch die, die am Rand sitzen oder laufen in Ruhe lässt, sollten wir also auch diese Tierchen, wie oben beschrieben, einblenden.

Übrigens kann es bei einem Tier mit ausgeprägtem Jagdinstinkt passieren, dass es nicht hört. Gegen

Sexual- oder Jagdtriebe kommt selbstverständlich keine Kommunikation und auch nichts anderes an, dennoch können wir vielen Tieren das Jagen anderer Tiere mit der mentalen Kommunikation abgewöhnen. Denn: Tiere lieben uns, sie wollen uns glücklich sehen und lassen das Jagen dann aus Liebe zu uns. Wie bei menschlichen Jägern, die wir über Liebe, die wirklich ihre Herzgegend berührt, umstimmen, Tiere zu schützen, statt sie zu ermorden oder zu quälen, so kann es auch bei einem Tier gelingen - muss aber nicht. Zum Beispiel Rüden heiße Weibchen vor die Nase zu setzen und zu glauben, dass sie ihnen nicht hinterherlaufen und stattdessen auf uns hören, ist mehr als leichtsinnig.

Viele Menschen, die Tierkommunikationsseminare besuchen, glauben anschließend, tatsächlich Stimmen zu hören und übersetzen das vom Tier Übermittelte in die "Ich"-Form. So wurde es ihnen in diesen Workshops beigebracht. Demnach müsste ich aber sämtliche Weltsprachen sprechen, denn ich kommuniziere in vielen Ländern mit wilden und auch zahmen Tieren. Meine Tiere, mit denen ich lebe, habe ich zudem aus allen Erdteilen mitgebracht - und noch keines hat je Chinesisch, Arabisch oder Französisch gesprochen... Ich bitte Menschen, die Stimmen hören und diese Art der psychischen Verwirrtheit als Tierkommunikation ausgeben, einen Arzt aufzusuchen oder sich zumindest für längere Zeit gründlich auszuruhen. Menschen sind sehr, sehr leicht zu manipulieren. Sie bilden sich ein, dass sie das vom Tier ihnen telepathisch in Gefühlen und Bildern Gesandte in unserer Heimatsprache hören. So etwas bilden sich manche Leute jedoch nur ein, weil sie projizieren. Sie hören sogar männliche oder weibliche Stimmen, weil sie vielleicht zu oft den Film "Dr. Doolittle" sahen. Sie wären vielleicht selbst gerne Poeten oder Sänger, denn sämtliche Tiere, von denen solches berichtet wird, singen in der Heimatsprache des Übersetzers und sagen Gedichte auf. Unmengen an Büchern werden verlegt, die voll sind mit derartigem Blödsinn.

Ich bitte darum meine Seminarteilnehmer und alle Menschen, die die Kommunikation mit Tieren üben möchten, nicht in der "Ich"-Form zu dolmetschen, sondern dem Halter des Tieres das, was das Tier sandte, so genau wie möglich zu beschreiben - wobei das sicherlich nicht einfach ist in unserer simplen, menschlichen und verbalen Sprache. Wenn ich Dinge erfahre, die das Tier nicht wissen kann, bin ich geistig unversehens in hellhörende und hellsichtige Sphären gerutscht, was natürlich passieren kann. Dann handelt es sich bei dem Erarbeiteten aber nicht um

Tierkommunikation, sondern um Hellseherei, die ich unbedingt beherrschen müsste. Denn wir arbeiten hier auf geistiger Ebene, und wie wir uns im materiellen Bereich in materiellen, ganz irdischen Räumen aus Versehen verlaufen können, so kann uns das auf geistiger Ebene auch passieren. Sollte mir das passieren, versuche ich schnell wieder auf die Ebene der Tierkommunikation zu gelangen, weil ich fairerweise übersetzen möchte, was das Tier mir mitteilt - und nichts anderes. Nehmen Sie nur ein Beispiel auf unserer Ebene: Bin ich in Arabien auf Dolmetscher angewiesen, so erwarte ich schließlich auch, dass genau das, was ich sage, übersetzt wird, und nicht das, was der eventuell mit Vorurteilen belastete Dolmetscher in mich hineininterpretiert. Derartig verfahren wir bitte mit keinem Tier. Das wäre dem Geschöpf gegenüber nicht fair! Wir haben exakt die Gefühle, die es sendet, zu übersetzen, wir müssen die Bilder, die Gerüche und haptischen Signale dem Halter oder wem auch immer mitteilen, ohne auf anerzogene oder angelesene Inhalte zurückzugreifen und ohne unseren Verstand zu sehr zu bemühen. Denn sobald wir denken, rufen wir automatisch Vorurteile ab, die wir in die Übersetzung einfließen lassen. Es ist auch völlig unnötig, mit Biologiebüchern zu hantieren oder Internetrecherchen anzustellen, wenn wir mit einer uns unbekannten Gattung kommunizieren. Alles, was wir brauchen, ist die Angabe und Durchsage des Tieres, denn jedes Tier ist ein Individuum.

Stellen wir uns vor, dass Aliens uns einfangen, erhalten möchten und gelernt hätten, dass Deutsche nur Sauerkraut mit Eisbein, Chinesen nur Hunde und Italiener nur Spaghetti äßen. Genauso idiotisch wäre es, auf die Erkenntnisse von Verhaltensforschern zu hören, die selbst nie tierkommunikatorisch arbeiteten. Vergessen wir den ganzen Blödsinn, den diese Menschen zusammengetragen haben und aus Menschensicht interpretierten; stattdessen sollten wir lieber die Tiere selbst befragen! Sie berichten viel reeller, ehrlicher und wahrhaftiger über ihre Gewohnheiten, Fressrituale und Denkweisen. Wir sollten also unbedingt sehr kritisch umgehen mit allem, was wir wahrnehmen - und mit uns selbst. In dieser Hinsicht sollten wir unseren Verstand durchaus stark einbinden.

Zu beachten ist: Einmal über die Tierkommunikation eingeprägtes Verhalten plötzlich wieder zu ändern, ist nicht möglich. Für dieses Beispiel muss ich etwas weiter ausholen: In Arabien mit einem Hund spazieren zu gehen, ist manchmal qualvoll für den Hund wegen der enormen Hitze - und lebensgefährlich sowohl für den Halter als auch für das Tier.

Denn Leute mit Hunden werden verachtet, weil sie angeblich nicht ins Paradies kämen, ein Vorurteil, das sich in fast allen arabischen Ländern unter den Unwissenden hartnäckig hält. Trotzdem versuche ich, einmal am Tag den dort gefundenen Hunden Schwimmen an der Leine am dreckigen Strand (an einem sauberen wäre ich von der Polizei festgenommen worden) im erfrischenden Meer zu bieten, was sehr gefährlich sein kann, weil ja auch mal Steine und Stöcke fliegen und oft die Polizei gerufen wird, die nicht immer freundlich reagiert. Gebildete Araber, Europäer und sonstige Westler halten ihre Hunde meist zum Schutz hinter Mauern und gewöhnen diese an Hundetoiletten. Das habe ich natürlich auf meinem großen Dach einer Penthauswohnung auch getan, denn einmal am Tag Ausgang kann meines Erachtens nicht genügen. Mein erster hier gefundener Hund weigerte sich zunächst, die Toilette zu benutzen, weil ihm die beige Farbe nicht gefiel, und er machte sein Geschäft daneben. Aber er liebte Blau! Seine Decke musste blau sein und das Handtuch, mit dem ich ihn abtrocknete, auch. Also suchte ich fast das ganze Land nach einem blauen Kindersandkasten aus Plastik oder einem blauen Kinderbassin ab. Es war weit und breit nichts in Blau zu finden. So besprühte ich die beige Toilette schließlich mit türkiser Farbe, denn auch im

Farbenhandel war kein blauer Lack zu bekommen. Besonders glücklich war der Hund nicht über die nicht ganz blaue Farbe, akzeptierte sie nach Zureden jedoch und benutzte endlich die nun türkise Toilette mit Katzenstreu. Später musste ich zu einem kleinen Dreh und einem Seminar nach Deutschland fliegen und stellte den besagten Hund einer italienischen Familie vor, die ihn während dieser kurzen Zeit versorgen wollte. Dort gab es allerdings einen Plastiksandkasten für deren Kinder im Garten, den er natürlich sofort brav als Toilette benutzte... Nun musste ich dem armen Kerl beibringen, dass das keine Toilette war, dass er dort nicht hin durfte, sondern sein Geschäft im Garten unter den Büschen verrichten sollte, was die Hausmädchen dann verbuddeln wollten. Das tat er auch wieder sehr folgsam - und benutzte dann aber als Konsequenz nie wieder die Toilette, die ich ihm Zuhause anbot...

Die intuitive äussere Methode

Was bezeichne ich als die intuitive äußere Methode? Es ist genau die Methode, die leicht dazu führen kann, dass ich persönlich etwas in ein Tier hineininterpretiere, was nicht vorhanden ist - also eine reine Projektion, wie oben beschrieben. Es ist zwar eine Art der Tierkommunikation, die sehr einfach, sehr wenig anstrengend ist, die kaum Zeit kostet und gerne ausgeübt wird - aber eben auch viele Fehler in sich birgt. Bei der intuitiven Methode arbeite ich von außen mit dem Tier. Ich frage nach seinem Gesundheitszustand und erhalte vielleicht die Antwort, dass das Tier Schmerzen leidet. Das kann eingebildet sein, weil das Tier krank aussieht, alt ist oder der Halter solch eine Vermutung äußerte. Es kann aber auch wahr sein. Auf jeden Fall spüre ich keinen Schmerz, denn ich bleibe ja außen vor. Bei dieser Methode muss ich daher auch in außergewöhnlichen

Situationen extrem selbstkritisch sein. Und wer von uns ist das schon immer?

Menschen, die nur intuitiv, als "von außen" tierkommunikatorisch arbeiten, fallen oft der Versuchung anheim, zum Beispiel einer putzig und niedlich aussehenden Katze mit rundem, dickem Köpfchen kindliches, naives Gerede in Babysprache zu unterstellen. Der Ratte oder der Schlange jedoch, die unsympathischer aussehen mögen und vielleicht gefährlicher wirken - auch wenn sie noch so harmlos sind -, unterstellt man dann gerne ordinäres Straßendeutsch... Daher möchte ich Ihnen gerne eine andere Methode vorstellen:

Die intuitive einfühlende Methode

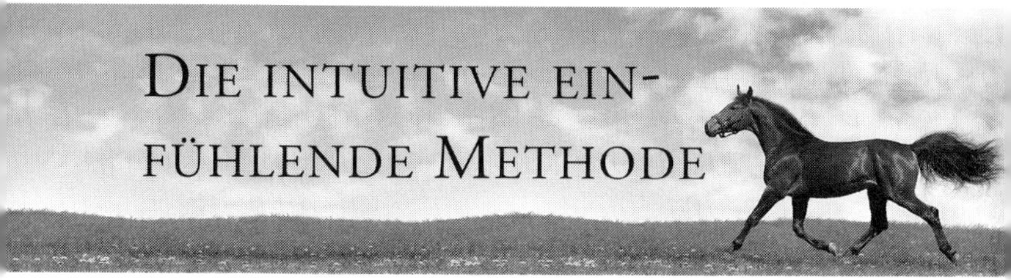

Das ist die Art der Tierkommunikation, die ich allen empfehle auszuüben. Sie ist extrem und äußerst anstrengend, jedoch vermeidet man damit unliebsame Projektionen. Bei dieser Methode fühle, sehe, rieche und schmecke ich durch das Tier und fühle seine Ängste, als wären es meine, seine Depressionen, seine Schmerzen, seine Übelkeit, aber auch die Freude und die Glücksgefühle des Tieres erfahre ich, als wären es meine eigenen. Es kann sehr beglückend sein, derartig mit Tieren zu arbeiten, aber auch sehr traurig. Doch auch für das Tier ist es extrem anstrengend und Kräfte zehrend, eine andere Person sich in seinen Körper einfühlen zu lassen. Zusammengefasst empfange ich also Infos vom Tier, indem ich mich wie das Tier selbst fühle. Also kann ich mich bei dieser Art der Tierkommunikation auch nicht irren.

Wie fühlen wir uns aber in ein Tier ein? Natürlich gehört dazu auch ein gutes Stück Intuition und Einfühlungsvermögen. Wie schon weiter oben beschrieben üben wir zunächst mit einem Menschen, um zu erfahren, wie es bei dem mit uns übenden Menschen ankommt, wenn wir uns in seinen Körper einfühlen.

Es gibt übrigens nichts Unethischeres, als wenn wir uns unerlaubt in einen Menschen oder ein Tier derartig einfühlen. Wenn wir es tun, dann nur mit seiner Erlaubnis und nur, um zu helfen. Es gibt kosmische Gesetze, denen wir alle unterliegen. Brechen wir solch ein Gesetz, dann haben wir die unangenehmen Konsequenzen zu tragen. Es gibt auch nichts Schlimmeres, als wenn sich mehrere Menschen gleichzeitig einfühlen. Mir ist berichtet worden, dass es Seminare geben soll, in denen sich mehrere Leute in ein Tier einfühlen, dabei brach einmal eine reale Ziege, also kein Tier auf einem Foto, zusammen, während eine sehr berühmte Tierkommunikatorin dort einen Kurs hielt. Das Seminar wurde abgebrochen. Ich werde sowieso nie begreifen, wie man Tierversuche innerhalb eines Seminars zulassen kann. Das schwärzeste Verbrechen der Menschheit wird so nämlich ausgerechnet unter angehenden Tierkommunikatoren gefördert...

Wie fangen wir die mentale Konversation mit einem Tier aber überhaupt an? - Nun, ähnlich wie bei einem Menschen. Natürlich muss uns das Tier nicht gegenübersitzen und höflicherweise in die Augen schauen. Es kann uns genauso gut sein Hinterteil zuwenden oder dösend in seinem Korb liegen. Aber wir begrüßen es, indem wir uns vorstellen und es bitten, mit uns in Kontakt zu treten. Es ist wichtig, dabei unseren Namen zu nennen, denn der Name birgt eine Schwingung in sich, die das Tier nicht vergisst. Ich könnte im Anschluss daran sagen: "Dein Mensch bittet mich, mit dir zu kommunizieren. Du darfst mir alles mitteilen, was dich bewegt. Du darfst Wünsche äußern!" Wir bitten und danken also. Diese magischen Wörter vergessen wir nie. Wir bitten und danken unentwegt.

Sobald wir eine leichte Blockade spüren beim Tier, ziehen wir uns zurück, denn es kann sonst wirklich viel Schaden für das Tier angerichtet werden. Ansonsten fühlen wir uns ein, indem wir uns wünschen, durch das Tier fühlen und sehen zu können.

Nun sollten wir genau aufschreiben, was immer wir sehen, schmecken, riechen, hören und fühlen. Wir bekommen oft halbtransparente Bilder gesandt, die nur ganz kurz flashartig auftauchen, und Gefühle, die kaum wahrnehmbar sind. Schreiben Sie alles mit, damit Sie nichts vergessen, denn jedes kleine Teilchen kann später ein deutliches Bild dessen werden, was das noch ungeübte Tier uns vermitteln möchte. Für die Tiere, die untereinander geübt sind in mentaler Kommunikation, ist es sehr schwierig, langweilig und eine absolute Geduldsprobe, mit Menschen zu kommunizieren. Ich entschuldige mich oft für die Dummheit, die uns Menschen zu eigen ist und dass wir so lange brauchen, um mentale Infos zu ordnen und zu verstehen. Denn oft kommt eine Riesenladung von geistigen Infos, die wir erst mühselig chronologisch ordnen müssen, während ein Tier längst verstanden hätte, was gemeint ist.

Wenn ich mich fast eingefühlt habe, frage ich: "Darf ich mich in dich einfühlen, damit ich keine Fehler mache?" Wenn das bejaht wurde, kann ich weiter fragen: "Wünscht du dir etwas Besonderes zu essen? Wie bekommen dir deine Medikamente? Hast du irgendwelche Schmerzen. Wie geht es dir körperlich?" Wenn das Tier gerade liegt, kann es nicht schaden, wenn ich frage: "Wie fühlst du dich, wenn du läufst, tut dir etwas weh?" Manche Tiere stehen dann auf und laufen, andere zeigen mir aus ihrer Erinnerung, wie es ist zu laufen und ob sie dabei Schmerz empfinden.

Viele Tiere teilen mir zunächst ihre Essenswünsche mit. Manche können es nicht abwarten und beschweren sich unentwegt und ohne Unterlass, weil sie sich so vernachlässigt und minderwertig fühlen. Es ist sehr erleichternd für sie, endlich einmal ihrem Unmut Luft machen zu können. Pferde entspannen sich oft völlig, werden weich und wirken befreit, wenn sie sich das erste Mal einem Menschen mitteilen dürfen. Andere Tiere verkriechen sich dagegen während der Kommunikation in dunkle, stille Ecken.

Wir können das Tier im Fall einer Scheidung weiterhin fragen: "Mit welchem Menschen möchtest du leben?" Oder auch: "Wie gefallen dir deine anderen Mitbewohner? Hast du Schmerzen? Möchtest du sterben?" Wir könnten ihm erklären, warum eine Person oder ein Tier weggegangen ist, ob es wiederkehrt oder ob es verstorben ist. Wir sollten ein Tier auch immer auf einen bevorstehenden Umzug vorbereiten oder es fragen, ob es mit einem anderen Tier im Haus einverstanden ist.

Wir beenden ein mentales Gespräch immer deutlich, indem wir uns liebevoll verabschieden. Dabei machen wir aber keine Versprechungen, wenn wir diese nicht halten können, und danken dem Tier für die Geduld, die es mit uns hatte und für das Gespräch. Ich persönlich setze mich sofort beim Tierhalter dafür ein, dass das tierliche Geschöpf nach der Kommunikation seine Wünsche erfüllt bekommt

- z. B. bezüglich seines Heißhungers. So etwas muss sofort erfolgen, erfreut die Tiere sehr und motiviert sie auch in Zukunft, mentale Gespräche zu führen. Belohnungen sind sehr wichtig und dürfen nicht vergessen werden. Manche Tiere wünschen sich auch eine neue Decke in einer bestimmten Farbe oder ein bestimmtes neues Spielzeug.

Nach einem Gespräch setze ich die Kommunikation noch zwei oder drei Tage fort. Denn je öfter ich mit dem Tier mental spreche, umso mehr erfahre ich auch aus tieferen Schichten seines Unterbewusstseins. Manche Ereignisse oder Lebensgewohnheiten sind so schmerzhaft für ein Tier, manche Ängste sitzen so tief, dass es erst nach Tagen oder manchmal erst nach Wochen darüber Auskunft gibt und ich ihm mit Hilfe des Tierhalters helfen kann, diese seelischen Schmerzen und Ängste zu überwinden.

Wie beenden wir ein telepathisches Gespräch? - Zunächst müssen wir uns sicher sein, dass das Tier nun nichts mehr mitteilen möchte. Wir verabschieden uns dann, wie wir es auch bei einem Menschen am Telefon tun würden. Wenn wir das Tier zum Abschied mental streicheln, tut es ihm gut, und es spürt die Geste, das ist sicher. Wir bedanken uns für die Geduld, die das Tier mit uns hatte, und für die Mühe, die es sich gegeben hat. Dann versprechen wir dem Tier alles, so gut es geht und so genau wie möglich, seinem menschlichen Freund mitzuteilen.

Es kann auch vorkommen, dass Sie nach dem Gespräch manchmal noch Infos von dem Tier erreichen, weil es etwas für wichtig hält, was es vergessen hatte mitzuteilen - oder weil manche Informationen eben verspätet eintrudeln.

VERHALTENS-AUFFÄLLIGKEITEN

Bei der mentalen Kommunikation mit Tieren geht es meist um die Behebung von Verhaltensauffälligkeiten. Natürlich ist es wichtig, täglich mit unserem Tier ein paar geistige "Worte" zu wechseln und nach Heißhunger oder sonstigen Wünschen zu fragen. Denn es ist die moralische Pflicht eines jeden Menschen, der mit Tieren lebt, mit diesen auch mentale Infos auszutauschen. Es ist auch sehr bedeutsam, dass wir unseren Tieren viel über uns erklären, was wir denken, fühlen, warum wir uns sorgen, was uns belastet und was uns erfreut. Auch wenn Tiere nicht jedes Wort verstehen, den Sinn dessen, was wir sagen, nehmen sie extensiv wahr. Oft sage ich meinen Klienten, dass sie ruhig über die Börsenkurse reden sollen. Das Tier merkt, dass es etwas für den Gefährten existenziell Wichtiges ist und fühlt sich ernst genommen; es möchte Anteil nehmen an unserem Leben. Besonders

Pferde, die in Ställe abgeschoben werden und oft unsäglich unter Einsamkeit leiden, freuen sich, wenn wir ihnen viel über unser Leben mitteilen. Früher lebte der Mensch mit dem Vieh zusammen und wärmte sich. Heute werden Pferde in Ställen untergebracht, wo sie teilweise nicht einmal genug zu sehen bekommen. Die tierlichen Mitgeschöpfe im Stall leiden ebenso und sind kein Ersatz für einen Menschen, der sich liebevoll kümmert. Pferde wollen spielen, rennen, toben und schmusen wie andere Tiere auch, oft hören sie leidenschaftlich gern Musik, zuweilen eine bestimmte, und sie wollen das Leben mit dem Menschen an ihrer Seite genießen - das Leben **neben** den Menschen, also nicht **unter** ihnen als Fortbewegungsmittel.

Einige Beispiele zur Behebung von Verhaltensproblemen nannte ich bereits. Bevor wir mit einem Tier arbeiten, um sein Verhalten, das wir Menschen nicht schätzen, zu ändern, sollten wir das Tier fragen, was es an uns nicht achtet und gern ändern möchte, bevor wir uns auf das Tier stürzen, um an ihm herumzudoktern. Wir sollten verstehen, wie unglaublich schwierig es ist, unser eigenes Verhalten zu verändern. Es ist also zuweilen sehr leicht, Verhaltensauffälligkeiten zu berichtigen, wenn wir den Tieren nur ein ganz kleines bisschen entgegenkommen.

Eine Dame bat mich um Hilfe, weil ihr Hund zu viel essen wollte und viel zu dick wäre. Sie würde ihn schon auf Diät setzen, aber nun würde er leicht aggressiv werden, launisch und abweisend. Ein Arzt hätte nichts festgestellt, der Hund würde auch keiner Rasse angehören, die besonders gefräßig sei. Als ich mit dem Hund kommunizierte und ihn nach seinem Frauchen fragte, blendete er mir eine ausgesprochen runde Person ein, die anscheinend ständig etwas Essbares in der Hand und im Mund hatte. Diese Frau wollte tatsächlich zumindest unbewusst eine Diät für sich **über** ihren armen hilflosen Hund anstreben. Natürlich wollte er auch ständig fressen, wenn sie andauernd etwas Essbares in der Nähe hatte und in sich hineinstopfte. Er liebte sie früher doch mal und übernahm somit ihre Eigenschaften. Dass er sich aggressiv verhielt, weil er Diät halten musste, während sie weiter aß, das ist doch nur natürlich.

Einige ähnliche Beispiele:

Zwei relativ unfreundliche Hunde einer Nachbarin jagten einen anderen Hund kreuz und quer durch die Stadt, bis der andere ängstliche, harmlose Hund vor ein Auto lief. Die Nachbarin verstand nicht, warum ihre Tiere so bösartig reagierten, dabei ist sie selbst eine Frau, die sehr neidisch ist und über andere redet, unheilvolle Intrigen anzettelt und ständig unzufrieden mit sich selbst ist. Vorrangig brauchen die beiden Hunde keine Erziehung, sie selbst braucht sie.

Eine andere Klientin beklagte sich völlig entnervt über ihren weiblichen Hund, der andere Weibchen ständig aggressiv anfiel. Ich befragte sie vorsichtig, ob sie vielleicht selbst ein wenig stutenbissig sei, das gleiche Geschlecht nicht besonders möge und am liebsten ausgerottet sähe, so antwortete diese Frau mit bissiger Hündin, dass sie eigentlich überhaupt nicht mit Frauen klar käme, diese gar nicht schätzen und viel eher Männer respektieren würde. Zuweilen würde sie das gleiche Geschlecht regelrecht hassen.

Ein besonders reiselustiger Mann, der alle Kontinente bereist hatte, regte sich auf, weil sein Hund ständig überall allein herumstöberte und sich viel Zeit dafür nahm. Ließ man ihn einmal von der Leine, so erwischte den Hund eben das Weltenbummlerfieber...

Was möchte ich mit all diesen Beispielen zeigen? Nun, wir Menschen verfügen allesamt über einige sehr unangenehme Eigenschaften, die zwar weniger uns selbst, aber unseren menschlichen und tierlichen Gefährten auf die Nerven gehen. Irgendwann fangen einige Tiere an, unrein zu werden, in die Wohnung zu urinieren, bissig und aggressiv zu werden oder sich Haare oder Federn auszurupfen. Oft ist das ein

Hilfeschrei, damit wir Menschen **unsere** negativen Eigenschaften aufgeben. Was uns selten auffällt ist die Tatsache, dass unsere Tiere uns spiegeln - dass wir uns zwar leicht über die schlechten Eigenschaften anderer beschweren, aber nicht bemerken, dass gerade wir über eben diese selbst zuhauf verfügen. In solchen Fällen dürfen wir uns nicht wundern, dass unsere Hunde aus Sympathie zu uns ebenso reagieren und uns spiegeln.

Und was heißt das? Dass wir zunächst, so unbequem es scheint, an uns selbst arbeiten müssen, wir müssen die Gründe für unser Verhalten erarbeiten und es allmählich ablegen, sofern wir wünschen, dass unsere Tiere kein solches Benehmen aufweisen. Dann erst merken wir, wie ungeheuer schwierig es ist, uns selbst zu berichtigen. Wir verlangen das aber ohne weiteres von unseren Tieren.

Sobald das bissige Frauchen also auch Frauen akzeptiert, respektiert oder vielleicht sogar lieben lernt, wird der Hund automatisch nachziehen und kein anderes Weibchen mehr sinnlos angreifen.

Sobald der reiselustige Herr in sich ruhiger wird, in sich und nicht mehr in der Welt sein Glück sucht, wird der Hund automatisch, ohne dass man an ihm arbeitet, ruhiger, und er wird weniger das Bedürfnis verspüren, in die Welt zu ziehen und erst nach

Stunden zurückzukehren. Er spiegelt ja schließlich nur seinen Lebensgefährten.

Sobald die fettleibige Dame es schafft, sich zu disziplinieren und ihre Esssucht in den Griff bekommt, wird auch ihr Hund abnehmen und weniger fressen wollen.

Wenn die streitsüchtige Nachbarin es schafft, in sich Harmonie zu entwickeln, dann hat sie keinen Neid mehr nötig, und ihre Hunde werden automatisch toleranter sowie liebevoller mit anderen Tieren umgehen.

Doch Tiere übernehmen nicht nur unsere negativen Eigenschaften, sondern auch Attribute, auf die wir Menschen stolz sind, kopieren sie. Es gibt viele Tiere, die Fleisch fressenden Gattungen angehören, jedoch Fleisch freiwillig nicht anrühren, weil die menschlichen Lebensgefährten bewusst darauf verzichten. Genauso leben Menschen, die ein Helfersyndrom aufweisen, meist mit ebensolchen Tieren. Viele Tiere teilen mir beispielsweise mit, dass sie sich übermäßig sorgen um das Wohl anderer Geschöpfe, und sie bitten mich, diesen zu helfen, beispielsweise wenn diese unter Ängsten leiden.

Natürlich mag es sein, dass ein Tier aus verschiedenen Gründen sehr ängstlich ist, diese Ursachen teilt es uns eventuell auch mit. Es mag aber auch sein, dass das Tier einfach ängstlich geboren wurde, diesen Charakterzug seit jeher in sich trägt und es unfair wäre, ihn zu ändern. Denn damit würden wir die gesamte Persönlichkeit des Tieres verändern, was nicht immer im Sinne des Tieres oder des Halters sein kann, zumal sich gerade Angst auch als sehr nützlich und hilfreich auswirkt und sie vielleicht in manchen Situationen gerechtfertigt ist.

Wenn jedoch deutlich wird, dass das Tier erst plötzlich nach bestimmten Ereignissen ängstlich wurde, können wir ihm helfen, indem wir versuchen, ihm die Furcht zu nehmen. Sollte das Tier sich dabei sehr quälen, könnte man es fragen, ob es sich überhaupt ändern möchte. Das wäre jedoch nur möglich, wenn auch der Halter ein aufgeschlossener, nicht furchtsamer Mensch ist. Wenn sich aber herausstellt, dass der Halter in vielen Situationen ebenso ängstlich reagiert, sollte zunächst der menschliche Gefährte seine Unsicherheit und Angst in den Griff bekommen.

Es gibt Tiere, die ständig von anderen gebissen werden, also Opfertiere. Daneben gibt es wiederum andere Tiere, die ständig attackieren, also Tätertiere. Auch diese Auffälligkeit kann unter Umständen vom Halter selbst verursacht sein, weil dieser ein typisches "Opfer" ist, das sich viel zu viel gefallen lässt, oder aber er stellt einen "Täter" in der menschlichen Gesellschaft dar. - Oft sehen wir uns selbst nicht, wie andere uns wahrnehmen. Es könnte daher hilfreich sein, mit guten und ehrlichen Freunden darüber zu sprechen, wie sie uns wahrnehmen. Selbstverständlich sollten wir auch unser Tier befragen, was ihm an uns besonders auffällt.

Bevor wir mit einem Tier arbeiten, sollten wir alle organischen und biologischen Defizite durch einen Tierarzt ausschließen lassen. Eine rollige Katze zum Beispiel uriniert oft in die Wohnung. Es handelt sich dabei aber um keine Verhaltensstörung. Wenn ein Tier eine Blasenentzündung oder Probleme mit den Nieren hat, kann es ebenfalls unsauber reagieren. In dem Fall muss natürlich zunächst das physische Problem durch einen Arzt oder Heilpraktiker behoben werden.

Ein bissiger Hund, ein bissiges Pferd, ein beißender Vogel oder andere Tiere, die aggressiv erscheinen, mögen sich so verhalten, weil sie unter Schmerzen leiden. Das müssten wir über die Tierkommunikation bereits erfahren haben, sofern es unser eigenes Tier ist; dann müssen wir das Tier mit Hilfe eines Arztes oder eines Heilpraktikers von den Schmerzen erlösen. Handelt es sich um ein fremdes Tier, für das wir uns einsetzen, sollten wir den Halter auffordern, sofort einen Arzt aufzusuchen. Wir als Tierkommunikatoren

haben aber absolut keine Diagnosen zu stellen! Wir schildern die Symptome, beschreiben, wo der Schmerz sitzt, welche Art von Schmerz es ist, wann er entsteht und unter welchen Umständen. Wann leidet das Tier unter Übelkeit oder Schwindel, wo juckt, brennt und kratzt es, wann und zu welchen Gelegenheiten treten diese Defizite auf? All das klären wir ab, aber dann geben wir diese Informationen an einen Arzt weiter, der die Diagnose stellt und dem Tier helfen kann.

Wie ich bereits erwähnte, ist es nötig, ein Tier zu lieben, wenn wir mit ihm kommunizieren möchten. Denn fühlt es unsere Abneigung gegen es, wird es nicht gewillt sein, mental mit uns in Kontakt zu treten oder den Erstkontakt schnell beenden. Sympathie für das Tier reicht selten aus. Unsere Entschuldigungen dem Wesen gegenüber sind wichtig, aber ohne echte, tiefe Liebe und den echten Wunsch, AUCH dem Tier helfen zu wollen, ist es nicht möglich, dass ein Tier seine Verhaltensweise ändert. Auch nachdem wir uns entschuldigt haben, dürfen wir keinesfalls erwarten, dass uns das Tier verzeiht. Der Prozess des Verzeihens dauert lange, oft sehr lange, vielleicht Jahre, und bedarf zahlreicher Beweise, dass wir es ernst meinen.

Viele von uns nehmen Tiere aus Tierheimen auf oder aus der dritten Welt, aus dem Süden, aus

Laboren oder von schlechten Züchtern. Diese Tiere haben oft niemals eine menschliche Behausung von innen gesehen, wurden schwer misshandelt oder missbraucht und mussten hart um ihre Existenz kämpfen. Sie sind oft sehr ängstlich, obwohl der neue Lebensgefährte sehr mutig ist. Manchmal sind sie etwas dominant, manchmal aggressiv, aber mehr aus Angst als aus echter Angriffslust. Sie wissen nicht, wo sie ihr Geschäft verrichten müssen oder wie sie mit anderen Tieren umzugehen haben. Natürlich gewöhnen sie sich mit der Zeit an uns und unsere Lebensbedingungen, sind uns unendlich dankbar und wahnsinnig liebebedürftig, aber zunächst ist es vielleicht doch nötig, dass wir liebevoll mittels der mentalen Kommunikation versuchen, einige Änderungen mit Hilfe des Tieres und unter eventueller Einbeziehung des Halter durchzuführen.

Doch hier sei betont: Tierkommunikation heißt nicht Manipulation. Natürlich muss das Tier gewillt sein, mit uns zu arbeiten. Wie erwähnt, ist es auch für uns Menschen unendlich schwer, dauerhaft das eigene Verhalten zu verändern. Wie schwierig muss es da erst für ein verstörtes Tier sein, dass Neuankömmling in unserer Familie oder unserem Zuhause ist, wie unsäglich leidvoll kann es für dieses Wesen sein, ein Verhalten aufzugeben, das es völlig normal findet.

Wie schaffen wir es also, bei Tieren das Verhalten zu ändern, das nicht in unsere menschliche Gesellschaftsform oder unseren Plan passt? Um ein Verhaltensproblem bei unserem Tier in den Griff zu bekommen, müssen wir es noch tiefer lieben. Die meisten Tierkommunikatoren bieten nur Luxuskonversationen an. Ein Verhalten zu ändern ist ihnen aber nicht möglich, zu schwierig. Sie versuchen nicht einmal, vermisste Tiere aufzuspüren, weil sie damit nie Erfolg haben würden, denn sie wissen, dass sie nur unter bestimmten Umständen nur bestimmte Gattungen lieben könnten. Doch auch für uns fremde Tiere sollten wir automatisch tiefe Liebe empfinden. Entspannung während der Kommunikation, auf die ich in meinen Hörbüchern besonders eingehe, ist eine Sache und wichtig, damit die Kommunikation gelingt. Tiefe, innige Liebe dem Wesen gegenüber ist eine andere. Es kann nicht um Dominanz und unser Ego gehen, es geht nie darum, den eigenen Willen durchzusetzen, sondern immer um Respekt und darum, die Würde des tierlichen Wesens nicht zu verletzen. Der Fokus muss darauf liegen, nicht nur uns, sondern auch dem Tier eine bessere Lebensqualität bereiten zu wollen.

Das Tier muss so geliebt werden, dass unsere Herzgegend anfängt zu schmerzen und zu brennen und dass wir auch bereit sind, Opfer zu bringen. Auch wenn es sich kitschig anhört, ich kenne aber kaum einen Menschen, der, wenn er in die Seele eines Tieres eingetaucht ist und sich in dessen Körper sowie seine Gedanken wirklich einfühlen kann, nicht von Tränen der Liebe gerührt ist. Er empfindet Mitleid, Entgegenkommen und echte Liebe dem Wesen gegenüber, dessen Benehmen geändert werden soll. Das Tier muss unsere Liebe spüren. Wir müssen sie ihm senden, denn es weiß sonst nicht, dass wir es wirklich lieben.

Wie oft bekomme ich von Tieren mitgeteilt, dass sie nicht geachtet und geliebt werden, obwohl der menschliche Gefährte schwört, dass er alles tut für sein Tier. Ich frage mich immer: Wieso spürt denn das Tier, mit dem ich im Auftrag des Halters arbeite, keine echte, tiefe Zuneigung von diesem Menschen? Warum sendet der Halter dem Tier nicht all sein Mitgefühl, sein Verständnis und seine bedingungslose Zuneigung? Tiere verstehen keine Worte, wenn sie nicht von starken Gedanken und Gefühlen begleitet werden. Haben diese Menschen keine Gefühle? Das Tier muss doch unsere positive Emotion spüren!

Manche Menschen geben zu, dass sie Schwierigkeiten spüren beim Erfühlen der eigenen Liebe zum Tier. Ihnen fällt es schwer, ein liebeähnliches Gefühl in der Herzgegend zu spüren und dieses Gefühl einem

Wesen zu senden. Nun, dann müssen sie es eben lernen, denn ohne diese Fertigkeit wird unser Tier niemals wirklich wahrnehmen können, was es uns bedeutet. Und das wäre doch schade! Vor allem ist es ohne diese Fähigkeit schier unmöglich, sein Verhalten dauerhaft zu seinem und unserem Vorteil zu berichtigen.

Wir müssen es ehrlich aus tiefstem Herzen, dem Herzchakra heraus lieben - so sehr, dass es fast weh tut. Nur lieben... vorbehaltlos, bedingungslos. **Nicht** nach dem Motto: Ich liebe dich, wenn du das oder das Verhalten aufgibst. Sondern Sie müssen es ehrlich meinen: "Ich liebe dich immer, egal, was du tust, wie du bist und wie du aussiehst." Menschen können wir betrügen mit Liebesschwüren, immer und immer wieder, aber ein Tier nicht. Wir Menschen glauben Worten, Tiere glauben an Gefühle, denn das ist ihre Sprache. Das ist der Grund, warum ich so viel Wert darauf lege, dass wir Menschen die Gefühle, die wir hegen, auch mitteilen, sie senden, ganz bewusst **senden.**

Wir müssen dem Tier, das schließlich ein individuelles eigenständiges Wesen ist, mitteilen, dass wir es auch mögen, wenn es sein Verhalten nicht ändert - **und es auch so meinen!** "Auch wenn du deine Haltung nicht aufgeben kannst oder möchtest, es täte mir leid, ich wäre traurig, aber ich liebe dich dennoch!"

Viele Klienten möchten wissen, ob ihr Tier sie liebt. Nun, viele Tiere lieben ihre Halter absolut nicht. Warum sollten sie, so wie diese mit ihnen verfahren? Viele Tiere verzeihen auch nicht. Sie verstehen das Verhalten des Gefährten nicht, das sie gern ändern möchten. Sie fühlen sich belogen, betrogen und falsch behandelt.

Insbesondere gilt das für Pferde, aber natürlich auch für andere Gattungen. Das ärgert den "Besitzer", denn er will geliebt werden, also er erwartet eine Gegenleistung dafür, dass er Futter bereitstellt und auch einen teuren Tierarzt konsultiert. Doch das ist absolut kein Grund für ein Tier, einen Menschen zu lieben! Das Tier zu lieben ist wohl das Mindeste, was wir tun sollten, wenn wir es uns schon ins Haus oder in unser Leben holen. Ein Tier, das eigentlich aus Liebe besteht, aus Liebe lebt und aus Liebe zu uns sterben würde, so schlecht zu behandeln, dass es uns nicht liebt, kommt aber leider viel häufiger vor, als man denkt. Bedenken Sie: Auch bei einem Tier kann enttäuschte Liebe in Hass umschlagen. Tiere sind so menschlich!

Ist unsere Zuneigung freudvoll, liebevoll, beglückend, ohne Erwartungen, völlig bedingungslos? Lieben wir aus Freude am Lieben, ohne eine Gegenleistung zu erwarten? Die Realität sieht meist leider

anders aus: Wir holen uns ein Tier als Statussymbol oder Modesymbol ins Haus, je nach dem, welche Hunderasse gerade im Trend ist. Wir wollen nicht einsam sein und gewöhnen uns an ein Tier, das uns gehorchen muss. Wenn es stirbt, leiden wir meist, weil es eine schmerzhafte Lücke hinterlässt und wollen kein weiteres Tier, weil wir nicht mehr leiden wollen. Doch das ist alles ein einziges Ego-Theater! Anstatt an das Leid der Geschöpfe in Tierheimen oder Laboren zu denken, denen wir ein wenig Zuneigung schenken könnten, denken wir nur an uns und schaffen uns kein weiteres Tier mehr an, nur weil wir durch den Verlust des einen litten und kein Leid mehr ertragen möchten - oder wir kaufen lieber einen Prestigehund.

Warum sollte ein Pferd einen Menschen lieben, der sich auf es setzt und es zwingt, nach seinen Wünschen zu laufen? Tiere sind doch keine Masochisten. Suchen wir so etwas, sollten wir entsprechende Kontaktanzeigen aufgeben. Warum sperren Menschen Kaninchen oder Vögel in enge Käfige, was sie mit Hunden und Katzen normalerweise nicht tun? Sie erachten Hunde und Katzen als höherwertiger, messen also mit zweierlei Maß. Warum lassen manche Menschen Katzen verantwortungslos frei laufen, so dass sie in Laboren, bei Sadisten, Sodomisten und Felljägern landen? Im Süden lässt man auch Hunde ohne Aufsicht nach draußen, weil man dort keinen Respekt vor der Gattung Hund hat. Das raue und verantwortungslose, in meinen Augen sträfliche Verhalten Tieren gegenüber zeugt nicht von echter Liebe.

Täglich bekomme ich unzählige Anfragen und Bitten, ein gestohlenes oder entlaufenes Tier mittels der Tierkommunikation zurückzuleiten. Lassen wir unsere menschlichen, kleinen Kinder denn ohne Aufsicht raus? Warum dann unsere tierlichen Kinder, es sind immerhin unsere vierbeinigen Fellkinder, unsere zweibeinigen Federkinder oder unsere beinlosen Schuppenkinderchen – sie sind Familienmitglieder, die Schutz brauchen, die sich alleine in dieser extrem grausamen, menschlichen Gesellschaft nur unter selten glücklichen Umständen behaupten können. Keiner, der seine Katze liebt, lässt solch ein schutzbedürftiges Wesen alleine hinaus, wenn die Umgebung Gefahren aufweist, die uns allen durch die Medien bekannt sind. Auch Verantwortung übernehmen und schützen gehört zum Bewusstsein der Liebe. Dieses müssen wir uns vergegenwärtigen, und wir müssen uns darin üben, denn ohne wahre Liebe, die Tiere spüren, funktioniert die mentale Kommunikation mit ihnen nicht, und schon gar nicht die Möglichkeit, das Verhalten unseres Tieres zu ändern.

Wenn wir es geschafft haben, unser eigenes Fehlverhalten zu ändern oder wenn es ein solches nicht gibt und nur das Tier ein Benehmen aufweist, was uns völlig fremd ist, dann können wir an dem Verhalten des Tieres arbeiten - sofern es gewillt ist, mitzuwirken.

Tierkommunikation vs. Tierflüsterei

Wir wissen, dass Tiere uns verstehen, auch wenn wir vielleicht noch nicht in der Lage sind, sie mental wahrzunehmen. So fragt mich manch einer: "Ja, aber warum gehorchen sie uns dann nicht?" - Nun, warum sollten sie denn? Es sind intelligente Persönlichkeiten, oft intelligenter als ihre Menschen... Gehorchen uns andere Lebensgefährten ständig oder überhaupt? Unsere menschlichen Kinder, unsere Partner?

Bei der Tierkommunikation geht es nicht darum, mental zu drillen, Gehorsam zu erzwingen, der Alphahund zu sein, andere anführen zu müssen oder meist Pferden, Kamelen, Hunden oder Dressurtieren unseren Willen aufzwingen zu wollen, dominant und ohne Erklärung, weil wir herrschsüchtig sind. Das tun die Tierflüsterer. Tiere brauchen aber keine Anführer, wie uns zuweilen schlaue Psychologen weismachen möchten. Unsere Hunde sind ja normalerweise keine wilden Füchse oder Wölfe, sondern seit Jahrtausenden domestizierte Tiere. Der Alphahund war gestern! Teamwork ist heutzutage angesagt!

Besonders unter der Tierflüsterei zu leiden haben die Pferde, die heute oft Horse Whisperern oder Pferdeflüsterern in die Hände fallen. Zu leiden haben sie ohnehin, weil sie geritten werden und teilweise auf Turnieren Höchstleistungen erbringen müssen. Viele Reiter wissen nicht einmal, dass Pferde keine Schmerzlaute von sich geben können. Eine Trense im Maul ist aber natürlich oft furchtbar schmerzhaft oder zumindest sehr unangenehm. Gott sei Dank nimmt die Bewegung zum Westernreiten oder zum gewaltlosen Reiten zu. Aber Pferde oder Kamele werden eben immer noch geritten. Die meisten Seminarteilnehmer - unter ihnen viele Reiter - glauben mir zunächst nicht, dass Pferde nicht geritten werden möchten. Wenn sie später mit ihren eigenen Tieren und auch mit fremden Pferden kommunizieren, geben viele Reiter jedoch zu: "Gudrun, du hattest Recht, sämtliche Pferde, mit denen ich gearbeitet habe, wollen nicht geritten werden." Kann man sich das nicht denken, ohne dass man mit Tieren kommuniziert? Pferden ist das Lastentragen natürlich unangenehm. Wir haben andere Fortbewegungsmittel. Es gibt sicher auch einige Pferde, die es nicht so schlimm finden, wenn sich jemand auf sie setzt, aber diese gehören zu Reitern, die extrem auf die Bedürfnisse der Pferde eingehen, auch mental. Viele Reiter, besonders männliche, haben immer noch die Angewohnheit, Pferde recht fest zu loben oder fest an den Hals zu patschen, was den Tieren natürlich Schmerzen bereitet. Es kann eben nicht jeder einfühlsam reiten. Ein weiteres Problem gerade bei Pferden ist, dass sich viele Reiter, die meisten eigentlich, über ihre armen Pferde definieren. Die Leute leisten oft selbst nichts, haben vielleicht geerbt, aber wenig zu sagen und benutzen ihre Pferde, um Leistungen zu erbringen, anstatt endlich selbst etwas für ihre Persönlichkeit zu tun und an sich selbst zu arbeiten. - Ich habe früher als kleines Kind Reitunterricht genommen und sofort die Mitteilungen der gequälten Pferde empfangen. Reitschulpferde schreien meist mental richtig (weil Pferde sonst nicht schreien vor Schmerzen, ist es umso deutlicher) vor Schmerzen. Natürlich erkennt man das an der Aura der Tiere und wenn man sich tierkommunikatorisch öffnet. Der damalige Reitlehrer hielt mich für zu blöd, reiten zu lernen - ich konnte nämlich kein Pferd in den Bauch treten und antreiben, das Schmerzen hatte. Es waren alle Pferde in diesem Stall, wie in den meisten Ställen, in denen ich mich heute aufhalten muss, von Schmerzen verzehrt. Natürlich weigerte ich mich als Kind fortan, mich auf Tiere zu setzen, ohne sie vorher um Erlaubnis zu fragen. Zumindest sollten wir Menschen die Tiere also fragen, ob sie denn überhaupt geritten werden möchten.

Im Grunde genommen sieht es ja zuerst so aus, als passten diese Flüsterer sich biologisch der Pferdesprache an. Es sieht, wenn man es unkritisch betrachtet, zunächst nett, sogar sensibel aus, wie sie mit den Tieren umgehen. Eigentlich erschleichen sie sich aber hinterlistig und intrigant nur das Zutrauen. Das Pferd vertraut ihnen über diese Sprache und bekommt anschließend keine Zuneigung, die es verdient, sondern einen Sattel, Zaumzeug und möglichst noch einen fetten Reiter aufgesetzt. (Wobei aber auch die dünnen und kleinen Reiter eine Zumutung sind für jedes Tier!) Es muss auf Turniere gehen, auf jeden Fall geritten werden. Es muss "arbeiten", das Lieblingswort fast aller Pferdenarren. Also alles wie gehabt, Tiere wie Elefanten, Kamele, Esel und Pferde dienen nach wie vor sklavisch dem alleinigen Wohl des Menschen. Es hat sich nichts geändert. Hundeflüsterer arbeiten ebenfalls mit Drill und oft mit Schmerz - ganz anders als Tierkommunikatoren.

Ich werde oft mit diesen Flüsterern verglichen, weil Laien nicht unterscheiden können zwischen Tierkommunikation und Tierflüsterei, was eine arge Beleidigung für mich darstellt. Denken wir nur an den Film "Der Pferdeflüsterer" mit Robert Redford, der den schrecklichen Flüsterer spielte. Wie grausam wurde das Pferd psychisch und körperlich misshandelt und ausgenutzt. Wie unwürdig! Ich war entsetzt! Natürlich priesen einige Journalisten den Film an. Vielleicht wurden sie hoch bezahlt für ihre Meinungsmache. Viele unkritische, denkfaule Menschen, die die Sklaverei noch immer verherrlichen, hoben von da an die Tierflüsterei in den Himmel. Wie erwähnt, oft entschuldige ich mich bei den Tieren, dass ich der Gattung Mensch angehöre, der Gattung, die die dümmste von allen auf diesem Planeten zu sein scheint, die Herdentiere der unheimlichsten Art hervorbringt. Zwar nehmen Tierflüsterer keine Peitsche oder Sporen mehr, um das Tier als Sklaven abzurichten, aber sie finden andere schmerzhafte Möglichkeiten, seien sie psychischer oder körperlicher Art.

Tierkommunikation kann natürlich auch missbraucht werden. Tiere können mental verflucht werden, Hassgedanken abbekommen und verschüchtert, verängstigt und gedemütigt reagieren. Diese Tiere sind dann oft lebenslang kaum noch dazu zu bewegen, mentale Kommunikation auszuüben. Sie verschließen sich aus Angst, wieder Hass und Wut zu ernten. Ich als Tierkommunikatorin, anders als eine Flüsterin, würde nie ein Tier manipulieren. Ich bin auch keine Schamanin, die sich z. B. in den Körper einfühlt und ein entlaufenes Tier zwingt, zurückzukommen, was manche Schamanen tun. Ich kommuniziere. Wenn ein Hund im Wald wegläuft, sage ich ihm: "Dein Mensch wartet, es regnet, er friert, hat Durst und möchte nun gerne nach Hause, komm jetzt bitte zurück." Ich kann jedoch nicht erwarten, dass der Hund meinen Wunsch ausführt, denn er diskutiert mit mir und teilt mir mit, dass es ihm dort, wo er ist, sehr gut gefällt. Er beschreibt mir, was er gerade alles Tolles sieht und Aufregendes erlebt, und dass er gerne noch bleiben möchte. Wir müssen dem Hund dann Argumente liefern, auf die er eingeht. Der Halter sollte dem Tier dabei immer entgegenkommen. Über Gewalt geht natürlich alles - vor allem geht aber die Beziehung zwischen dem Menschen und dem Tier kaputt. Wir wollen doch über Liebe und Verständnis arbeiten, oder? Dafür sind das Senden von Gefühlen und mentale Erklärungen sehr bedeutsam.

Bei der Kommunikation mit Tieren geht es um gegenseitigen Respekt, um ein aufeinander Eingehen, um das gegenseitige Verständnis, um das Klären von Missverständnissen zwischen den Menschen und den Tieren. Es geht darum, sich Zeit füreinander zu nehmen und Geduld aufzubringen. Auch unsere menschlichen Kinder können unsere Erklärungen nicht immer verstehen, aber sie fühlen sich angenommen, wenn wir es geduldig und liebevoll versuchen. So auch unsere Tiere! Schon deshalb neigen sie dazu, unserem Wunsch zu entsprechen. Natürlich müssen wir zum Schutz der Tiere manches verbieten, wir sollten unser Verhalten jedoch unbedingt erklären.

Zusammengefasst kann man also sagen: Bei der Tierkommunikation geschieht alles, was das Tier tut oder worauf es reagiert, auf freiwilliger Basis. Wir manipulieren nicht, sondern wir bitten um ein anderes Verhalten, das wir vorschlagen. Natürlich dürfen wir tierpsychologische Aspekte mit in unsere mentale Arbeit einbringen. Auch wenn ich aus der Ferne mit einem Hund in einem anderen Kontinent arbeite, kann oder soll der Halter des Tieres durchaus loben und zu bestimmten Gelegenheiten das neu erworbene Verhalten mit Leckerchen verstärken und vor allem viel "sprechen". Auch wenn so mancher Tierhalter, der mich um Hilfe bittet, noch nicht in der Lage ist, sein Tier mental zu verstehen, so begreift das Tier dennoch, was sein menschlicher Lebensgefährte ihm mit vielen Worten, aber vor allem konzentriert zu sagen versucht. Wir drohen nicht, denn in dem Fall kann es sein, dass ein Tier sich für lange Zeit (oder für immer) der mentalen Kommunikation verschließt. Wir beleidigen auch kein Tier, selbst wenn wir bis aufs Äußerste durch sein Benehmen gereizt werden sollten und wir fast am Ende unserer Nerven sind, weil wir wegen eines bissigen Hundes oder eines Pferdes, das wir nicht in der Gewalt haben und das Schaden anrichtet, von unseren Mitmenschen angegriffen werden oder Mitleid mit denen empfinden, die Schaden erlitten haben. Trotzdem zeigen wir uns dem Tier gegenüber möglichst ruhig und warten mit der mentalen Kommunikation, bis sich die emotionalen Wogen auf allen Seiten geglättet haben. Wir senden keine Wut, Enttäuschung oder Trauer, weil das Tier immer Gründe für sein Fehlverhalten hat. Die starken belastenden Emotionen sollten bei uns bleiben, bis wir schließlich in Ruhe mit dem Tier kommunizieren können. Es merkt im Moment des Fehlverhaltens ohnehin, dass wir aufgebracht sind.

Vielleicht sendet es Schmerz, den es nicht aushalten konnte, den wir jedoch nicht mitbekamen. Unter Umständen rastete es also aus, weil es unter Schmerzen litt, die nicht bemerkt und behoben wurden, was oft vorkommt. Vielleicht haben ihm auch andere Tiere würdelose und für das Tier ärgerliche telepathische Infos zugesandt, die es nicht ertrug. Tiere sind menschlicher, als wir denken, bzw. wir sind tierischer, als mancher zugeben möchte. Nicht umsonst spricht man in der Tierrechtsszene von menschlichen und nicht menschlichen Tieren, von "human and non human animals".

Genau wie wir, so kann auch ein Tier unter bestimmten Lebensumständen weniger Nervenstärke beweisen. Vielleicht überforderten wir es durch Reisen, Umzüge oder Ortswechsel. Vielleicht ist es gereizt und nervös, weil es zuvor krank war und sich erst regeneriert. Eventuell starb ein Tier oder ein Mensch in der Familie, oder es trennte sich ein menschliches Paar und hält den Hund oder die Katze als Scheidungstier, das ständig zwischen dem einen und dem anderen Zuhause wechseln muss - auf all das können Tiere gereizt reagieren.

Neben nervenstärkenden Mitteln ist unser Verständnis in dem Fall besonders hilfreich - und vielleicht eine Änderung der Lebenssituation. Wir sollten das Tier befragen, bei wem es am liebsten leben möchte; vor allem sollten wir auch die Gründe für die Trennung erklären. Denn Tiere meinen oft (wie Menschenkinder), dass sie schuld an der Trennung seien. Sie sind sehr dankbar für Erklärungen, die wir emotional und konzentriert vortragen, so dass sie die Bilder, die wir senden, mit den entsprechenden Gefühlen eindeutig aufnehmen können. Sie beruhigen sich dann und zeigen wieder ein harmonisches Verhalten.

Nachfolgend einige Beispiele, wie sich bestimmte Situationen auf das Verhalten der Tiere auswirken können: Ein Hausschwein zerriss und zerbiss beispielsweise sämtliche Polster und demolierte Schränke, nachdem sein geliebtes Frauchen starb. Es litt maßlos, weil ihm keiner erklärte, was passiert war. Wie furchtbar und quälend ist auch für Menschen die Ungewissheit, wenn ein anderer Mensch der Familie spurlos verschwunden ist... Also haben wir Mitleid mit unseren Tieren und teilen uns ihnen mit.

Ein Hund heulte jedes Mal, wenn sein Frauchen das Haus verließ. Herbeigerufene Tierpsychologen sprachen von Trennungsängsten, die sie nicht beheben konnten. Doch von wegen Trennungsangst! Ich werde nie begreifen, wie sich jemand Tierpsychologe nennen kann, ohne mit dem Tier zu "sprechen". Von Tierkommunikation halten die meisten nichts, denn viele dieser Menschen, die sich Tierpsychologe nennen, können die Tierkommunikation schlecht erlernen, weil sie nicht lieben. Deshalb reite ich ständig darauf herum, dass wir lieben lernen müssen... Mir teilte der Hund also mit, dass sein Frauchen früher von ihrem Mann verprügelt wurde, der vielleicht wiederkommen könnte. Der Hund dachte daher, er müsse bei ihr sein, um sie zu beschützen. Er dachte, der neue menschliche Partner könne sie nicht beschützen. Die Hundehalterin erklärte mir, dass ihr früherer Partner sie tatsächlich tätlich angegriffen und ihr Hund natürlich darunter gelitten hatte. Der neue Partner wäre sehr krank und schwach. Er könne wirklich nicht helfen, sollte so etwas noch einmal passieren, aber da die Ehe geschieden sei, würde es nicht mehr vorkommen. Sie hätte mit ihrem alten Mann nichts mehr zu tun, der zudem längst eine andere Partnerin zum Verprügeln gefunden hatte. – Das versuchte ich dem Hund klar zu machen. Ich teilte ihm auch mit, dass der alte Partner weit weg wäre, denn Tiere haben kein Zeitgefühl und keinen Begriff von der Weitläufigkeit unseres Planeten. Sie meinen oft, dass der Tierquäler aus der Vergangenheit, der in einem anderen Land lebt, jederzeit wieder auftauchen könnte. Der Hund jedoch wollte meinen Worten nicht glauben. Er jaulte und bellte weiter und übermittelte ständig das Gefühl, dass ich im Unrecht sei. Also rief ich die Hilfe suchende Frau wieder an und erzählte ihr, dass der Hund mir keinen Glauben schenke. Sie wiederum erzählte mir, dass ihr Ex-Mann in unmittelbarer Nachbarschaft lebe und der

Hund ihn öfter beim Gassigehen sehen würde. Ich gab dem Hund also Recht, entschuldigte mich für mein Unverständnis und erklärte nun, dass der gewalttätige Mann zwar nebenan lebe, aber überhaupt kein Interesse mehr an seiner Halterin hätte. Das reichte dem Hund als Erklärung! Er benötigte nur eine Begründung, um sein Jaulen aufzugeben, wenn sie das Haus ohne ihn verließ.

Oft reicht es also, dem Tier NUR zu erläutern, worum es geht, was passiert, wie die Ursachen und Folgen aussehen. Auch wenn wir manche abstrakten Begriffe nicht bewusst mit Bildern unterlegen können, so geschieht es unbewusst, oder das Tier versteht uns, wenn wir die Botschaft gefühlvoll und konzentriert senden. Bevor wir das Verhalten eines Tieres kritisieren, sollten wir also zunächst eine Möglichkeit suchen, warum das so ist. Daneben sollten wir immer zu Beginn der Kommunikation Wohlwollen und tiefe Zuneigung senden.

Arbeiten wir im Auftrag von anderen Menschen, die unsere Arbeit nicht mit tiefer und bedeutungsvoller Zuneigung unterstützen, merkt der Halter zwar, dass wir mit seinem Tier gearbeitet haben, weil es für Tage oder Wochen sein Verhalten aufgibt, dass ihn so sehr störte. Aber es erleidet selbstverständlich Rück-

fälle, die nur dann zu beheben sind, wenn der menschliche Lebensgefährte lernt, sein Tier zu lieben und ihm dieses Gefühl auch zeigen und senden kann.

Wir sollten das Tier befragen, was es gerne tut, worin es gut ist, wofür es bewundert wird. Wenn das Tier nichts zu antworten vermag, weil es sowieso kein Selbstwertgefühl besitzt oder niemand ihm mitteilte, was es besonders gut kann, müssten wir den Halter befragen. Bezüglich der eigenen Tiere wissen wir selbst, wie gut es rennen, springen, wie hoch es klettern kann, wie sozial es eingestellt ist, dass es vielleicht am besten von allen mit Bällchen spielt, schwimmt, oder wie sportlich es ist. Wir teilen mit, wie besonders weich seine Ohren sind, dass niemand einen schöneren Bauch hat oder ein hübscheres Gesichtchen, wie elegant oder ausgefallen sein Gang ist, wie besonders die Stöckchen sind, die es stolz mit sich herumträgt. Wir übermitteln, wie sehr uns dieses oder jenes Benehmen gefällt, und loben es. Immer wieder betonen wir, wie dankbar wir sind, dass es mit uns, gerade mit uns lebt. Erst danach, wenn das Tier unsere Lobpreisungen und ein ganz warmes, lichtes EHRLICHES Gefühl der Liebe von uns angenommen hat und sich für wertvoll erachtet, erst dann wagen wir uns vor und bitten es darum, ein bestimmtes Benehmen abzustellen. Wir begründen unseren Wunsch natürlich so visuell und emotional wie möglich. Viele Tiere versprechen Besserung, und wenn Tiere etwas versprechen, dann halten sie es meist, es sei denn, dass ihr Triebverhalten oder andere Verführungen sie abhalten. Wenn es zu Rückfällen kommt, wiederholen wir eben unsere Mitteilungen. Wir Menschen geloben ja auch Besserung und vergessen allzu schnell, was wir ernsthaft versprachen. Natürlich muss auch ein Tier liebevoll erinnert werden.

Für das Tier bedeutet das, ein eingeprägtes Verhalten aufzugeben, was schmerzhaft sein kann. Ein bestimmtes Verhalten stirbt ab. Damit muss es erst umgehen lernen. Sterben ist nicht immer einfach. Wir sollten daher sehr dankbar sein, dass das Tier uns meist aus Liebe entgegenkommt und es unendlich loben, wir sollten es auch mit manchen Wünschen, die es hat, belohnen. - Es gibt allerdings auch sehr geschäftstüchtige Tiere, eine Eigenschaft, die sie wiederum von ihren Menschen imitieren, die anderen von vornherein nicht entgegenkommen, ohne eine besondere Gegenleistung zu erhalten... So versprach mir der Hund eines sehr prominenten Mannes, nicht mehr wegzulaufen, wenn er in Zukunft auf der gelben neuen Couch seines Herrchens liegen dürfe. Er wolle auch keine fremden Leute mehr anspringen, wenn er täglich eine Portion Griespudding erhalte, würde nicht mehr jaulen, wenn er alleine wäre, falls sein Herrchen eine bestimmte Art von Opernmusik, die der Hund schätzte, auf einer Endloskassette während der Abwesenheit des Mannes laufen ließe. Dieser Mann war und ist bekannt dafür, dass er materielle Güter über alles schätzt, und er gilt als sehr geschäftstüchtig. Es schien mir, etwas übertrieben ausgedrückt, als würde er nichts ohne eine dicke Gage tun, nicht einmal einen Atemzug. Warum sollte sein Hund also anders reagieren? Jedenfalls funktionierte dieser Handel.

Wurde ich zu Talkshows eingeladen, wurde ich früher meist zuvor mit diversen Tieren von ungläubigen Redakteuren getestet, um schließlich mit einem bestimmten Tier, dessen Halter ich nicht kannte, in der Talkrunde zugegen zu sein, um wiederum die Zuschauer und den Lebensgefährten des Tieres von der Bewegung der Tierkommunikation zu überzeugen. Ich sollte einmal mit dem Hund eines Promis, dessen Namen ich nicht kannte und dessen Geheimnummer ich natürlich, wie immer, nicht erhielt, kommunizieren. Natürlich arbeitete ich über ein Foto des Tieres, das mir die Redaktion sandte. Der Hund war eigentlich recht kommunikativ, schien sehr rational, befragte zunächst mich zu meinem Leben und meinen Ideen, bevor ich ihn befragen konnte. Dann teilte er ein wenig von sich mit, ein wenig von seinen Lebensumständen, von denen ich vorher wie immer nichts erfahren hatte. Er zeigte mir Teile des Hauses, in dem er lebte, und teilweise auch die zugehörigen Menschen. Dieser Promi schien Kinder zu haben, so entnahm ich es den gesandten Bildern des Hundes, die ihn mit Eis versorgten. So kannte er alle Eissorten und wünschte sich mit Heißhunger sehnlichst Zitroneneis, sonst würde er nicht mehr mitarbeiten. Eine Kleinigkeit! Aber die Redaktion dieser Show weigerte sich, den Promi anzurufen und ihn zu bitten, dem Hund das Eis zu geben, damit die Kommunikation weitergehen könne. Anscheinend hatten die Damen und Herren dort die Regeln der Tierkommunikation, die ich vorher mit ihnen ausführlich und lange besprochen hatte, nicht begriffen. Der Hund erhielt zu meinem Bedauern, denn er arbeitete ja immerhin mit, das lächerliche Eis nicht. Die von ihm mental gesandten Mitteilungen waren mir aber nicht ausführlich genug, um sie in der Sendung vortragen zu können. Die Bewegung der Tierkommunikation ist mir für die Tierwelt zu wichtig, als dass ich sie vor Publikum lächerlich darbieten und verhunzen möchte, zumal ich merkte, dass die Redaktion dieser spätabendlichen Talkrunde den Hund, die Bewegung der Tierkommunikation wie auch mich hatte auflaufen lassen wollen.

So sagte ich schließlich meinen Part in dieser Sendung in Hamburg ab, denn ich stellte fest, dass die Mitarbeiter, die mir versprochen haben, bei Problemen sofort den Halter des Tieres zu benachrichtigen, mich dreist belogen hatten. Sie hatten selbst nicht einmal die Geheimnummer dieses Hundehalters und konnten oder wollten seine Agentur nicht erreichen. Denen ging es nur um Quoten und nicht um die Bedürfnisse eines Hundes, geschweige denn um die der Tierwelt im Allgemeinen.

Warum erwähne ich gerade dieses Beispiel? Aus drei Gründen! Erstens sollten wir auf die harmlosen Bedingungen von Tieren während der Kommunikation eingehen. Uns fällt damit nämlich sicher kein Zacken aus der Krone, vor allem wenn wir bedenken, wie sehr ein Tier seinen Tagesablauf nach uns richten muss, und dabei ist es ständig von uns als Dosenöffner abhängig... Und zweitens sollten wir nie über Dritte mit einem Tier arbeiten. Wenn Menschen nicht bereit sind, abgesehen von dieser abendlichen Fernsehsendung, sich persönlich an mich zu wenden, so sind sie auch nicht bereit, an den Problemen mit ihren Tieren zu arbeiten. Somit würde der Fall erfolglos sein. Es kommt zum Beispiel zuweilen vor, dass eine Familie oder ein Paar sich zerstritten hat, das Tier die feindliche Schwingung spürt und verstört mit Verhaltensauffälligkeiten reagiert. Ich kann als Tierkommunikatorin das Verhalten des Tieres aber nur ändern, wenn die Ursache behoben wird, wenn sich also das Paar oder die Familie versöhnt und harmonisch miteinander umgeht.

Ein Beispiel, um das zu illustrieren, erlebte ich mit dem Kapuzineräffchen eines Ehepaars in Arabien. Es fing an, derartig zu beißen, seitdem das Paar mit Eheproblemen zu kämpfen hatte, dass beide Bisswunden erlitten und Angst vor dem Äffchen bekamen. Es hatte ein Paradies zu Hause, lebte mit anderen Tieren zusammen, kannte weder Einsamkeit noch einen Käfig, und es kannte keinen Mangel an Zuneigung. Es wuchs bei diesem Paar auf und war sehr menschenbezogen. Das Paar selbst hielt nicht viel von Tierkommunikation, der arabische Tierarzt des Hauses, mit dem ich des Öfteren zu tun hatte, wandte sich aber an mich, um dem Tierchen, das eingeschläfert werden sollte, zu helfen. Die französische Ehefrau hatte dermaßen mit ihrem ehelichen Kummer zu tun, dass sie dem Tierchen nicht einmal mehr die bescheidendsten Wünsche erfüllte. Und der arabische Ehemann, der eigentlich mehr an dem Tier hing als seine Frau, wollte Recht behalten mit seiner Prognose, dass die Kommunikation mit Tieren sowieso Scharlatanerie sei. Das spürte das sich unverstanden fühlende, harmoniesüchtige und hilflose Äffchen. Es hätte keinen Sinn gehabt, das Tierchen zu bestrafen, es einzusperren, mit Liebesentzug oder Essensentzug oder gar Schlägen in den Griff zu bekommen, was leider noch manch ein Mensch versucht bei Auffälligkeiten der Tiere. Das hätte die Situation nur eskalieren lassen und zu einer Symptomverlagerung geführt. Es musste herausgefunden werden, was die Ursache für das Verhalten war.

In diesem Fall teilten der Affe wie auch das Paar mit, dass die Harmonie im Hause miserabel sei, es nur noch Streit und Tränen gäbe, worunter alle litten, besonders das Tierchen. Es muss dann als nächster Schritt eine passende Lösung für das Tier gefunden werden, in diesem Fall wollte jedoch, weil der Fall über Dritte an mich heran getragen wurde, keiner mitarbeiten. Ich hätte den Fall gern anders gelöst. So wurden von der Seite des Herrn des Hauses halbleere Versprechen an das Tierchen über mich als Übersetzerin geliefert: Er wolle versuchen, die Stimmung im Hause wieder wie früher zu gestalten. Geradezu ein Verbrechen bezüglich der Tierkommunikation, wenn der Mensch ein Versprechen gibt und es nicht hält. Tiere halten Versprechen. Sind sie unsicher, geben sie keine. Das Äffchen spürte die Unruhe und Feindschaft der Eheleute, fühlte sich abgelehnt, bemerkte schnell, dass der Mann sein Versprechen nicht halten konnte oder wollte und litt unsäglich. Als Hilfeschrei biss es noch fester zu und nun auch die Dienstmägde.

Ferner verstehen Tiere alles, zumindest extensiv, was wir denken und sagen. Es wusste also, dass es getötet werden sollte, denn es war sehr schwierig, jemanden zu finden, der einen dermaßen frei lebenden Affen zu sich nimmt, ohne diesen in einen winzigen Käfig zu sperren. Der Tod ist dagegen natürlich eine Erlösung. Ich konnte das Äffchen nur für kurze Zeit beruhigen und bereute es, über Dritte gearbeitet zu haben. So bekam das Äffchen Hoffnung, die enttäuscht wurde. Denn die Eheleute vertrugen sich nicht mehr, und das Tier war nun nur noch lästig. Ich als Tierkommunikatorin befinde mich tagelang oder wochenlang in den Seelenqualen und der Angst dieser zerrütteten Tiere, zumindest so lange ich versuche, ihnen zu helfen.

Wir sollten auch nicht annehmen, dass sich die Seelenqualen beilegen nach dem Tod des Tierchens. Die körperlichen Qualen verschwinden natürlich, so ein Tier diese zu Lebzeiten erlitt. Die psychischen verblassen aber erst, nachdem wir Menschen dem Tier viel Beistand bieten.

Ferner versuche ich in solchen Fällen natürlich, stundenlange, tagelange oder zuweilen auch monatelange Gespräche mit den Lebensgefährten der Tiere zu führen, um diese zu bewegen, dem Tier entgegenzukommen. In manchem Fall klappt es schließlich. In diesem Fall gingen allerdings beide nur halbherzig auf meine Gesprächsvorschläge ein, denn für den Herrn des Hauses stand inzwischen fest, dass er seine Ehefrau loswerden wollte. Statt mitzuarbeiten, wurde daher geistig dagegen gearbeitet, weil der Mann ja sowieso nichts von dem Thema hielt. Kein Zoo in Deutschland, den ich anrief, wollte sich des verzweifelten Affens annehmen. Den arabischen wollte ich dem Tier aber nicht zumuten. An Privatpersonen hätte ich es wegen der Einfuhrbestimmungen nicht geben können, es entschlief daher in meinen Armen. Eine traurige Geschichte, die häufiger vorkommt, als man vielleicht glaubt, wenn die Lebensgefährten des Tieres nicht gemeinsam mitarbeiten. Geistige Kommunikation geschieht über Gedanken, also starke Kräfte, die heilend, aber auch zerstörend wirken können. Ist ein Menschenkind psychisch krank, wird die gesamte es umgebende Familie mit "Familientherapie" bedacht, damit das Kind gesundet. Im Falle von Tieren verhält es sich nicht anders. Zieht einer nicht mit oder arbeitet geistig gar gegen die mentale Kommunikation, dann bleibt der Erfolg langfristig aus.

Der dritte Grund - und dafür möchte ich noch einmal zurückkommen zu unserem geschäftstüchtigen Promihund -, warum wir nicht über Dritte arbeiten sollten: Tiere können in psychische Prozesse rutschen. Es ist in diesem Fall ausgesprochen gut ausgegangen, denn dieser Hund wollte lediglich ein Eis. Der Redaktion erklärte ich ausdrücklich, dass es in Tierquälerei ausarten könne, wenn ich mit dem Tier arbeite. Es könnte dringend der körperlichen und psychischen Hilfe bedürfen, weil es in Prozesse rutschen könnte, die in einem solchen Fall sofort vom menschlichen Gefährten ausgesprochen liebevoll gestützt werden müssten. Solche Prozesse könnten ausgelöst werden, wenn das Tier mental in seine Vergangenheit geführt wird, sich erinnert, es schreckliche Verlust- oder Trennungsangst überkommt oder wenn es psychosomatische Beschwerden erleidet, die der Besitzer nicht zuordnen kann. Schlimmer ist es noch, wenn wir über Dritte arbeiten, die uns Wesentliches nicht mitteilen. So kann das Tier beispielsweise alleine zu Hause sein, weil die Besitzer für drei Wochen in Urlaub sind, und die arme Katze nur einmal am Tag von jemand anderem versorgt wird, der ihr nicht würde helfen können. In solch einem Fall kann das Tier unter Umständen sogar sterben.

Schlusswort

Damit Auffälligkeiten im Verhalten unseres Tieres erst gar nicht entstehen oder wir die entstandenen lösen können, sollten wir die Bedürfnisse des Tieres achten, ständig kommunizieren und dem Tier Erklärungen anbieten für alles, was um uns herum geschieht. Das Tier ist unser Partner, ein Familienmitglied, das sowohl ein Recht hat auf Kommunikation als auch auf psychische Störungen (trotz unserer Kommunikation), wenn wir die Lebensverhältnisse so schnell nicht ändern können wie es vielleicht angesagt wäre.

Es wird so viel von verachtungswürdiger "Vermenschlichung" der Tiere geredet. Was heißt das denn? Tiere fühlen und denken ähnlich wie unsere Menschenkinder. Lassen wir sie also im Dreck spielen und im stinkenden Teich glücklich schwimmen oder von Baum zu Baum klettern und frei in der Wohnung umherfliegen, wie Tiere es eben mögen. Sie müssen ja nicht als Boutiquehunde abgerichtet werden, die sich mit Diamanten geschmückt nicht beschmutzen dürfen, die in Ställen gehalten werden oder in Käfigen, aus denen sie selten herauskommen. Wir sollten ihre Gefühle, ihre Psyche ernst nehmen und sie, so gut es geht, Anteil nehmen lassen an unserem Leben.

Wir trennen hemmungs- und würdelos Tiermütter von ihren Kindern, ohne zu fragen, ob sie dazu bereit sind. Wir lassen unsere weiblichen Tiere von männlichen decken oder manchmal regelrecht vergewaltigen, die sie sich nicht ausgesucht haben. Wir züchten Tiere wie Massenprodukte ohne Seele und Herz. Haben wir die Tiere überhaupt gefragt, ob sie Kinder gebären möchten? Tierliche Tiere empfinden wie menschliche Tiere. Also vermenschlichen wir sie gefälligst auch – ungeachtet irgendwelcher Unkenrufe selbst ernannter Tierpsychologen oder Verhaltensforscher.

Wir setzen uns völlig respektlos auf Pferde oder Kamele. Letztere haben als Touristentiere nichts zu lachen und tragen nicht umsonst ständig einen Maulkorb, weil sie sonst vor Schmerz zubeißen würden. In Arabien werden Kamele inzwischen daher von Robotern geritten und ausgepeitscht, nicht mehr von

Menschen. Wie gehen wir Menschen eigentlich mit Tieren um? Behandeln wir unsere Tiere in gewisser Weise doch bitte wie unsere Kinder. Sie brauchen ebenfalls Schutz, Anerkennung, Geltung, Abwechslung, Erziehung, Hilfe, Erklärungen, Wissen und viel Liebe, um zu gedeihen. Eine gute Partnerschaft mit Tieren erfordert Einfühlungsvermögen, Kommunikation und Kompromisse. Wenn wir dazu nicht bereit sind, sollten wir uns Stofftiere halten.

Wir sollten unsere Tiere oft um Entschuldigung bitten, um Geduld, ihnen erklären, warum wir so und nicht anders handeln können und sie bitten, uns zu verstehen, so wie wir sie verstehen möchten.

Wenn eine Katze schreit, weil sie den Katzenzaun überwinden möchte, erläutern wir ihr ganz einfach den Grund für unser Schutzverhalten ihr gegenüber. Sie wird unsere Sorge verstehen, wenn wir gleichzeitig ein Gefühl der Liebe senden und ihr sehr viel Abwechslung und Kletterspaß in der Wohnung, auf dem Balkon oder im Garten gönnen. Wenn sie unsere Sorge um ihr Wohlergehen wieder vergisst und erneut anfängt zu weinen und vielleicht unrein zu werden, erklären wir es ihr eben erneut und immer wieder. Sie wird unsere Gründe begreifen und schließlich zufrieden sein.

Wir begeben uns bezüglich der Tierkommunikation in eine Welt, die vielleicht für viele Neuland ist, eine Welt, die tiefer positiver Emotionen bedarf, vor denen wir bislang vielleicht Angst hatten: Furcht vor Schmerz, vor Trennung, Verletzung, Verlust, vor Ablehnung, eben vor Liebe, die diese Attribute einschließt. Wir sind nun gezwungen, eigene anerzogene Blockaden zu überwinden. Wir haben vielleicht gelernt, dass es sich gehört, sich auf Pferde zu setzen, an deren empfindlichem Maul herumzureißen, in deren Bauch zu treten und sie als Sklaven zur Fortbewegung zu missbrauchen. Wenn ein Pferd jedoch partout nicht geritten werden möchte, was bei ca. 99 Prozent aller Pferde, mit denen ich während einiger Jahrzehnte gearbeitet habe, der Fall ist, lassen wir es eben. Übrigens schleicht sich, gerade zu der Zeit, in der Menschen anfangen, bezüglich des Pferdemissbrauchs umzudenken, in Hundeschulen und unter "Hundeflüsterern" neuerdings der Brauch ein, Hunde Karren ziehen zu lassen oder/und ihnen Blei oder Steine in Form von Mäntelchen umzuhängen, damit sie müde werden, weniger weglaufen, weniger jagen und der Mensch weniger Arbeit mit ihnen hat, was mich mit ungeheurer Wut erfüllt. Können diese "Flüsterer" nicht die mentale Kommunikation erlernen oder wenigstens, das wäre das Mindeste, lernen, die Aura eines Tieres zu sehen, um zumindest einseitig mit ihnen zu kommunizieren?

Wenn wir mit Tieren kommunizieren möchten, sollten wir auch deren Aura sehen und interpretieren lernen, denn die Aura unterstützt das vom Tier telepathisch Gesandte, und Missverständnisse werden so leichter ausgeräumt.

Natürlich nehme ich keinen mentalen Kontakt zu diesen geschundenen Hunden auf, wenn ich sie treffe. Dazu sind sie viel zu schwach, und ohne die Erlaubnis der dazu gehörenden Person würde ich es ohnehin nicht tun. Es könnte sein, dass schon andere Tierkommunikatoren gefragt oder ungefragt am Werk sind, was den Hund völlig zerstören könnte. Viele Köche verderben den Brei! Es genügt, die Aureolen dieser Tiere zu sehen, die in den meisten Fällen sowohl von schweren Schmerzen in Hüften und Knien als auch in allen Fällen von Depressionen berichten. Dann kann man versuchen, mit den unsensiblen Haltern vorsichtig und freundlich ein konsequentes Gespräch zu führen.

Natürlich brauchen unsere Tiere auch Grenzen, sie sollten allein zu ihrem eigenen Schutz lernen, wie man sich in der menschlichen Gesellschaft benimmt. Deshalb müssen wir jedoch nicht den großen Zampano spielen und uns dominant geben. Wir können sie auch mit Liebe, viel Geduld, Leckerchen, Belohnungen und Verständnis und vor allem mit Erklärungen erziehen. Wer den Zampano spielt, schreibt sich nur seine eigene Hilflosigkeit und Schwäche auf die Stirn. Wir sollten bedenken, wie furchtbar es ist, immer von einem Menschen abhängig zu sein. Wir Menschen können fernsehen, telefonieren, im Internet chatten, Auto fahren, für Abwechslung sorgen. Unsere Tiere aber leben nur und ausschließlich für uns – dabei sind sie nicht minder intelligent. Sie warten geduldig auf uns und langweilen sich oft maßlos, was in seelischen Schmerz münden kann. Wenn wir das bedenken und sie einbeziehen in unser Handeln, dann ist schon viel gewonnen. Wenn wir, während wir außer Haus arbeiten, zwischendurch mental nach ihrem Wohlbefinden fragen, was wir Gutes zu fressen mitbringen sollen, oder wenn wir versprechen, nach der Arbeit schnell nach Hause zu kommen und Spielchen oder Spaziergänge zu unternehmen, eben mit ihnen umgehen, wie wir es auch mit unseren Kindern tun würden, dann ist ebenfalls viel gewonnen und für Verhaltensauffälligkeiten der Weg blockiert.

Übrigens, wenn uns ein ach so schlauer Forscher, Biologe oder Psychologe fragen sollte, ob wir unsere Tiere vielleicht als Kindersatz oder Partnerersatz ansehen, um bei UNS Verhaltensauffälligkeiten zu orten, sollten wir zum Beispiel antworten, dass unsere Tiere niemals einen menschlichen Partner oder menschliche Kinder ersetzen könnten, denn so ähnlich sich Mensch und Tier auch sind, eines unterscheidet sie vehement: Menschen belügen und betrügen Menschen und Tiere, auch dann, wenn sie gut von uns behandelt werden. Tiere aber lügen nicht. Tiere betrügen nicht. Wenn sie auch in der Natur grausam zueinander sind, weil sie sich verspeisen, sie tun es, weil es ihre Gene und ihr Körperbau so vorgeben, und sie tun es in der Regel relativ schnell. Im Gegensatz dazu verspeisen viele von uns Tiere, nachdem wir sie mutwillig und auf grausamste Weise über einen sehr langen Zeitraum maßlos gefoltert haben, obwohl unser Körper darauf ausgerichtet, ausschließlich Gemüse oder Früchte zu verspeisen. Wir haben keine Reißzähne und im Gegensatz zu Fleisch fressenden Tieren einen sehr langen Darm, der nicht dazu geeignet ist, Leichenteile gut zu verdauen.

In dieser Hinsicht, ich glaube nur in dieser Hinsicht, sollten wir uns schämen, Tiere mit Menschen zu vergleichen und sie bitte nicht vermenschlichen.

Wenn ich in diesem Buch von ÜBEN spreche, meine ich damit übrigens nicht konzentriertes Lernen und Ehrgeiz, so wie wir in der Schule und auf der Uni lernen mussten. Ganz im Gegenteil! Ich meine keineswegs, dass wir uns anstrengen oder gar verkrampfen sollten, sondern dass wir alles tun, was wir während unserer schulischen Laufbahn nicht lernten: vollkommen loslassen und vollkommen entspannen, aus dem Bauch heraus leben, ohne unkritisch uns selbst gegenüber zu sein. Wenn wir innerlich nicht still und ganz leise werden, können wir nicht lernen, mit unseren tierischen Mitgeschöpfen Kontakt aufzunehmen. Eine große Hilfe für den, der sich nicht entspannen kann während der mentalen Kommunikation und der gleichzeitig Muße, Ruhe und Gelöstheit erfahren sowie geistige Liebesübungen praktizieren will, bieten meine Hörbücher, weil diese tierkommunikatorische Übungen zur Entspannung anbieten, die mit passender liebevoller Musik untermalt sind.

Sobald wir uns verkrampfen, büffeln und uns etwas zu sehr wünschen, entstehen Blockaden, die die mentale Kommunikation verfälschen oder nicht zulassen. Festgesetzte Zeiten, Regeln und Übungsabläufe führen ebenfalls zu Blockaden. Wir sollten von Menschenkindern mentale Unbeschwertheit und spielerische Gelassenheit lernen, um leichter die mentale Kommunikation mit unseren tierischen Mitgeschöpfen praktizieren zu können - und nicht vergessen: Übung macht den Meister.

Kontakt:

Gudrun Weerasinghe
Web: www.tierkommunikation.net
E-Mail: info@arthealing.de

€ [D] 10,90
128 Seiten, broschiert
ISBN 978-3-931652-87-6

Gudrun Weerasinghe

Mit Tieren kommunizieren

Geschichte einer besonderen Begebenheit

Die Autorin macht deutlich, dass die Spiritualität unserer Tiere der der Menschen in nichts nachsteht. Im Gegenteil: Sie leben meist instinktiver, intensiver und in tieferer Verbindung zur spirituellen Welt als die Menschen – denen der Verstand oft im Wege steht. Die telepathischen Übermittlungen eines Hundes zu seinen irdischen und spirituellen Erlebnissen sind Thema dieses Buches. Aus der Perspektive dieses Bewusstseins werden Themen wie Reinkarnation, Karma, Schutzwesen und die Farben der Aura erläutert.

€ [D] 14,90
208 Seiten, mit 8 farbigen Seiten, broschiert
ISBN 978-3-89845-237-3

Anne Givaudan &
Dr. Antoine Achram

Gedankenformen und ihre Auswirkungen

Eines der revolutionärsten Bücher zum Thema Gedankenkraft! Die Autoren machen eindringlich klar, wie eine Gedankenform funktioniert, wie sie entsteht und wie sie wirkt, insbesondere aber, wie wir ihren Einfluss auf uns mindern können.
Gedankenformen können uns ersticken oder uns dynamisieren - sie erkennen und sich ihrer Rolle bewusst zu werden, das ist der erste Schritt zu einer wahren "Transformation"; diesen Schritt nun erleichert dieses Buch mit seinen umfassenden und doch verständlichen Erläuterungen.

€ [D] 12,90
256 Seiten, broschiert
ISBN 978-3-89845-232-8

Franziska Krattinger

Machtworte

Was Worte machen können

Dass sich mit dem richtigen Wort zur rechten Zeit jede Situation verändern lässt, je nachdem, welche Energie mit diesem Wort in die entsprechende Situation strömt, haben schon viele Menschen selbst erfahren. Schaltworte, Kraftworte – die Autorin stellt in diesem Buch 72 solcher Worte mit magischer Wirkung vor und führt uns gleichzeitig eindrucksvoll die Macht des Wortes vor… Denn eines dieser magischen Worte genügt schon, um einen unterbrochenen energetischen Fluss wieder zum Fließen zu bringen – und so alles wieder in die richtige Bahn zu lenken!

€ [D] 14,90
152 Seiten, gebunden
ISBN 978-3-89845-226-7

Kazuo Murakami

Der göttliche Code des Lebens

Ein neues Verständnis der Genetik

Dieses in viele Sprachen übersetzte Buch ist einer der besten Beiträge zur Frage der Interaktion zwischen Genen, Umwelt und Bewusstsein. Der japanische Biowissenschaftler Murakami geht der Frage nach, ob positive Gefühle Gene aktivieren können oder, anders ausgedrückt, ob der Geist etwas mit dem körperlichen Wohlbefinden zu tun hat. Glück, Freude, Inspiration oder Dankbarkeit können nützliche Gene aktivieren - das ist das Ergebnis der Forschungen dieses Genetikers, der seine Erkenntnisse in diesem Buch in klarer und allgemeinverständlicher Form darlegt – und so endlich der weit verbreiteten These, das Schicksal sei bereits im Genom festgelegt, eine deutliche Absage erteilt.

€ [D] 11,20
96 Karten in Faltschachtel
Kartenf.: 6,9 x 6,9 cm
ISBN 978-3-931652-92-0

Liane Franzani

Delphin-Affirmationen

Eine Weisheit für jeden Tag

Wenn Sie die Karten aufdecken, werden Sie auf jeder einzelnen Karte einen kurzen Text lesen, der Sie zum tieferen Nachdenken anregt und zugleich ein Ratgeber für wunderbare Lebensweisheiten ist. Sie werden dadurch auch ganz automatisch mit Aspekten Ihrer Persönlichkeit in Berührung kommen. Zugleich ist das Delphin-Spiel dazu geeignet, mit den Mitspielern in einen besonderen Kontakt des kommunikativen und seelischen Austausches einzutreten. Es ist ein Spiel von großer Inspiration.

€ [D] 13,90
49 farbige Herzkarten
ISBN 978-3-89845-208-3

Sigrid Mahncke

Lichtengel-Herzkarten

Zur Heilung von Körper und Seele

Die Lichtengel bringen Heilung für Körper und Seele und breiten ihre Flügel wie einen schützenden Mantel der Liebe über dir aus. Allein indem du dich in die Energien der visionären und sanften Engelbilder vertiefst, wirst du fast augenblicklich zur Ruhe kommen – und in der Lage sein, dich auf den wesentlichen Kern deines Lebens besinnen zu können…